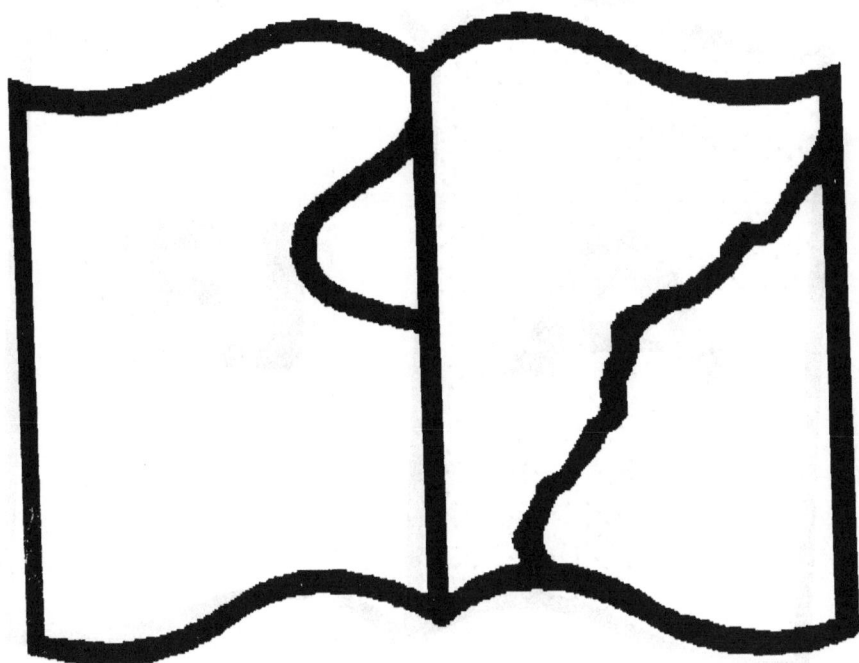

Texte détérioré - reliure défectueuse

NF Z 43-120-11

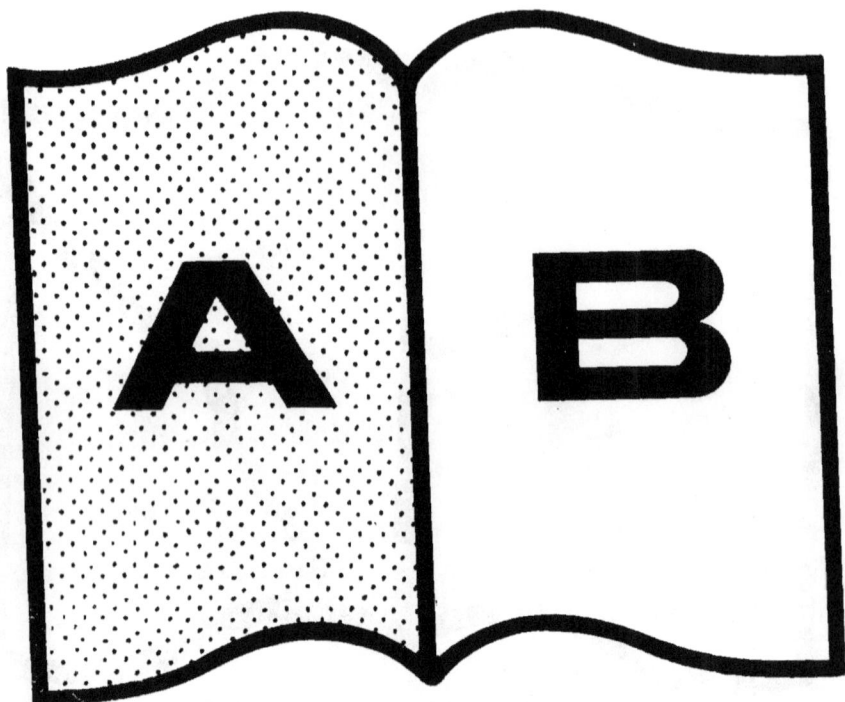

Contraste insuffisant

NF Z 43-120-14

MÉLANGES

SUR

RICHARD WAGNER

UN OPÉRA DE JEUNESSE

UNE ORIGINE POSSIBLE DES MAÎTRES CHANTEURS

WAGNER ET MEYERBEER

UN PROJET D'ÉTABLISSEMENT EN FRANCE

PAR

Albert SOUBIES et Charles MALHERBE

PARIS

LIBRAIRIE FISCHBACHER

(SOCIÉTÉ ANONYME)

33, RUE DE SEINE, 33

1892

MÉLANGES

SUR

RICHARD WAGNER

OUVRAGES DES MÊMES AUTEURS

L'œuvre dramatique de Richard Wagner. Un volume in-12, à la librairie Fischbacher: épuisé.

Histoire de l'Opéra-Comique. (La seconde salle Favart 1840-1860.) Un volume in-12, à la librairie Flammarion, avec une gravure.

Précis de l'histoire de l'Opéra-Comique. Un volume petit in-12, à la librairie Dupret: épuisé.

De M. ALBERT SOUBIES

Une première par jour. (Causeries sur le théâtre.) Un volume in-18 jésus, à la librairie Flammarion, couronné par l'Académie française.

Almanach des spectacles. 18 volumes petit in-12. à la librairie des bibliophiles, avec eaux-fortes de MM. Gaucherel et Lalauze.

De M. CHARLES MALHERBE

Notices sur Esclarmonde et sur Ascanio. 2 volumes, in-12, à la librairie Fischbacher.

Scène finale de l'opéra « LES FÉES » d'après une gravure de l'*Illustrirte Zeitung*.

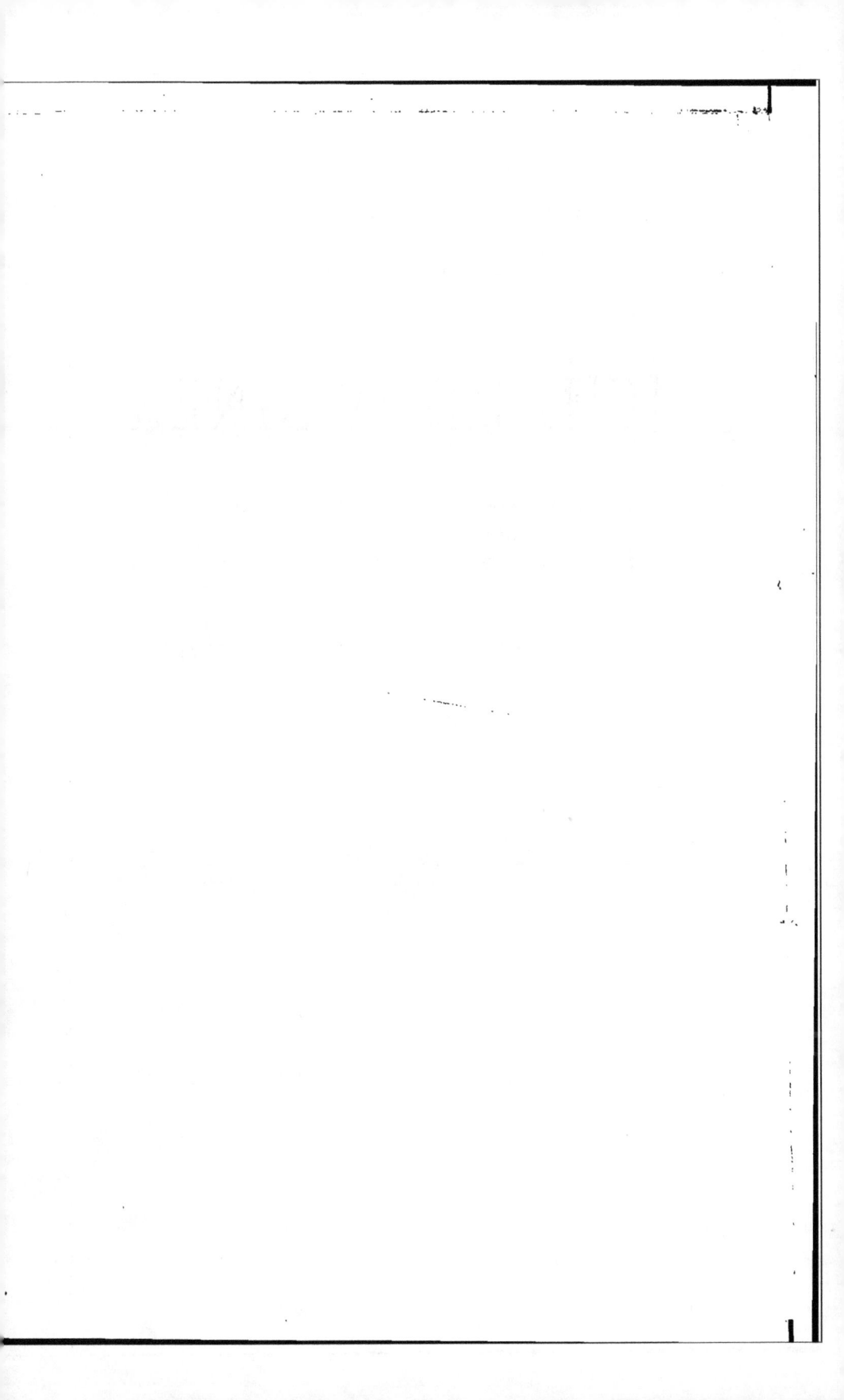

MÉLANGES

SUR

RICHARD WAGNER

UN OPÉRA DE JEUNESSE
UNE ORIGINE POSSIBLE DES MAÎTRES CHANTEURS
WAGNER ET MEYERBEER
UN PROJET D'ÉTABLISSEMENT EN FRANCE

PAR

Albert SOUBIES et Charles MALHERBE

PARIS
LIBRAIRIE FISCHBACHER
(SOCIÉTÉ ANONYME)
33, RUE DE SEINE, 33
1892

PRÉFACE

La première des quatre études dont se compose le présent volume est comme le complément nécessaire du livre que nous avons publié, il y a quelques années: L'œuvre dramatique de Richard Wagner.

« C'est à dessein, écrivions-nous dans notre préface, que nous avons gardé le silence sur les premiers essais de Wagner, opéras pour la plupart inachevés, énumérés dans tous les dictionnaires, et uniquement connus par la

description sommaire qui en est faite dans l'Autobiographie. *Ces ébauches, ces frag- ments existent encore, mais entre les mains de parents et d'amis qui semblent peu dis- posés à les publier. Provisoirement, c'est donc à* Rienzi *que commence l'œuvre dra- matique de Wagner.»*

Nous ignorions alors, comme tout le monde, que la partition complète de ces opéras avait été offerte par l'auteur lui- même au roi Louis de Bavière, et nous ne pouvions prévoir que l'un deux, Les Fées, *serait prochainement représenté. Nous ne faisons donc que compléter notre livre en analysant cet ouvrage dont il n'existe pas de traduction française et sur lequel on a publié seulement quelques appréciations succinctes. Nous croyons en outre intéresser les curieux en donnant, comme frontispice à notre volume, la reproduction d'une gravure*

extraite de l'Illustrirte Zeitung, et représen-
tant la dernière scène de l'opéra.

Les trois études suivantes ont trait à
des particularités ignorées ou peu connues
de la vie de Richard Wagner. Mais toutes
quatre présentent un point commun d'analogie, suffisant peut-être pour justifier leur
groupement en volume, assez caractéristique
tout au moins pour mériter une mention: C'est,
en dépit de ses résistances, de ses colères,
du caractère même essentiellement germanique de ses œuvres, le prestige, l'attraction
que la France exerça toujours sur Wagner.

Dès ses débuts dans la carrière dramatique il a la France comme objectif et semble
penser avec Mendelssohn que, « s'il est
un chemin à prendre pour être apprécié
en Allemagne, c'est celui qui passe par
Paris ». C'est à Paris qu'il vient s'in-
staller un peu plus tard, qu'il essaie vaine-

ment de faire représenter Le Vaisseau fantôme, *qu'il trouve peut-être, comme nous
l'indiquons dans notre seconde étude, l'idée
première du livret des* Maîtres chanteurs.
*L'explication spécieuse qu'il donne de ses
jugements contradictoires sur l'œuvre de
Meyerbeer laisse percer sa sourde irritation,
son inconsciente jalousie, si l'on veut, à
l'égard d'un compatriote illustre qui, plus
heureux, a triomphé maintes fois dans ce
Paris où lui ne pouvait alors réussir à se
faire jouer. Enfin, lorsqu'après l'échec ou-
trageant de* Tannhäuser *à l'Opéra, il se
heurte, dans sa patrie même, aux railleries,
à l'opposition systématique d'adversaires que
la représentation de* Tristan et Iseult *n'a pas
désarmés, bien au contraire, c'est, le croi-
rait-on, en France qu'il songe un instant à
chercher l'asile, la «retraite absolue» à laquelle il aspire.*

Ce sont là des faits qu'il nous a paru curieux de rappeler à l'heure où Lohengrin *appartient désormais au répertoire de notre Opéra, où* Tannhäuser *commence par Lyon et Toulouse son tour de France, où tout ce qui touche à Wagner intéresse et passionne même l'opinion. De telles notes, réunies en volume, serviront à compléter sur certains points l'histoire du maître; elles ajouteront ainsi quelques pages au livre toujours ouvert de ses œuvres et de sa vie.*

UN OPÉRA DE JEUNESSE

ii

UN OPÉRA DE JEUNESSE

LES FÉES

Opéra-romantique en trois actes.

Le premier janvier 1834, un jeune homme de vingt ans terminait à Wurzbourg un grand opéra, intitulé *Les Fées*, dont il avait composé la musique et les paroles : c'était sa première œuvre dramatique si

l'on excepte quelques fragments d'un opéra
des *Noces* qu'il s'était contenté d'ébaucher.
Il comptait sur elle pour se faire un
nom, et, fort de quelques recommanda-
tions, voire de deux succès d'estime rem-
portés plusieurs mois auparavant avec
une symphonie (Gewandhaus, 10 janvier 1833) et une ouverture (ibid. 30 avril),
il n'hésitait pas à présenter son ouvrage au
directeur du Théâtre Municipal de Leipzig, M. Ringelhardt, lequel, fort aimable-
ment d'ailleurs, promettait qu'on le jouerait
bientôt.

On l'a joué cn effet, mais cinquante-quatre
ans plus tard, au théâtre de la Cour, à
Munich, le 29 juin 1888 !

Pendant ce demi-siècle, bien des événements politiques et artistiques s'étaient pro-
duits, et la face du monde musical s'était en
quelque sorte renouvelée. Cet inconnu de

la veille avait grandi peu à peu : il avait
conquis sa place au théâtre et cette place
était la première. Au plus fort de la lutte il
lui arriva de se souvenir de sa partition des
Fées si dédaigneusement délaissée jadis, et,
le jour de Noël 1866, il l'offrit à Louis II de
Bavière, non pour la rendre à la lumière
de la rampe, mais pour la plonger au
contraire dans l'ombre de la bibliothèque
royale.

Les Fées y dormirent en effet comme dans
un tombeau jusqu'à la mort du Roi, et n'en
seraient probablement jamais sorties, sans
l'initiative du surintendant des théâtres de
Munich, le baron Perfall.

Ayant découvert et parcouru ces trois
gros volumes à reliure violette que personne
encore n'avait dû être admis à feuilleter, il
résolut de livrer cet opéra de jeunesse aux
hasards d'une représentation scénique que

l'auteur n'eût sans doute pas autorisée de son vivant. Au moins ne négligea-t-il rien pour que cette représentation eût un éclat exceptionnel et fût comme un hommage rendu à la mémoire de Richard Wagner.

* * *

A l'âge où Wagner écrivait son premier opéra, il est déjà rare qu'on possède une connaissance suffisante du théâtre et de la poésie pour tracer soi-même son propre libretto ; mais il arrive plus rarement encore qu'on l'invente de toutes pièces. L'imagination, mal assurée, a besoin d'être guidée ; il lui faut l'appui d'un texte préétabli, un mo-

dèle qu'on modifie tout en l'imitant. Ce fut
une pièce de Gozzi, intitulée *La Femme
Serpent* qui servit à cette espèce d'ini-
tiation.

Le théâtre du noble Vénitien, si célèbre
en son temps, n'intéresse plus aujourd'hui
que les curieux. On cite quelques noms de
pièces et l'on oublie la longue lutte soutenue, au milieu du XVIIIe siècle, par
Goldoni et l'abbé Chiari d'une part, essayant
d'acclimater *la Commedia flebile* ou Comédie
sentimentale, importée de France en Italie,
et Carlo Gozzi de l'autre, continuant la
tradition de *la Commedia dell' arte*, mais
renouvelant le vieux fonds national par
l'aimable addition de la féerie, créant ainsi
la *Comédie fiabesche* ou Comédie fabuleuse,
dans laquelle se mêlent à dose égale la
fantaisie et la gaieté, où, parmi les aventures les plus baroques, se retrouvent

encore les joyeux types de Pantalon, du Docteur et de Truffaldin.

Ces œuvres étaient connues en Allemagne dès le siècle dernier, grâce à une traduction, parue sans nom d'auteur, à Berne (Société typographique, 1777). Schiller avait dû surtout les imposer à l'attention de ses compatriotes en prenant la peine d'arranger l'une d'entre elles, *Turandot*. Le succès obtenu par cette adaptation était propre à piquer la curiosité de Wagner dont les lectures, à cette époque de sa vie, se poussaient un peu de tous côtés, il nous l'apprend lui-même, depuis la tragédie grecque jusqu'au drame shakespearien. Dans cette mine italienne où Schiller avait heureusement puisé, ne pouvait-on pratiquer d'autres fouilles? Il lui fallait un scenario, et il le découvrit dans les aventures du prince Farruscad et de la fée Kérestani, représentées sous le titre de *La Donna Serpente*, au théâtre San Samuel de Venise, en octobre 1762.

Voici d'ailleurs en quelques lignes l'histoire étrange que Gozzi avait imaginée.

La scène se passe dans une Géorgie fantastique, dont la capitale, Tiflis, est gouvernée par le vieux roi Atalmouk, père de la princesse Canzade et du prince Farruscad. Ce dernier voit un jour, à la chasse, une biche plonger dans l'eau et disparaître brusquement. Poussé par une folle curiosité, il s'élance comme l'animal qu'il poursuivait et se trouve tout à coup transporté dans une grotte merveilleuse, dont lui fait les honneurs la biche elle-même, devenue femme.

Cette fée, nommée Kérestani, jeune et belle, comme il convient à toute fée, ne manque pas d'allumer les désirs du hardi

2

chasseur ; elle lui fait promettre de ne
jamais lui demander d'où elle vient et qui
elle est, et, cet engagement conclu, tous
deux filent pendant quatre années le par-
fait amour. Mais au bout de ce temps, un
secret démon le poussant, Farruscad pose
la fatale question, et, pour toute réponse,
il est rejeté sur la terre, où il apprend
qu'en son absence les affaires de sa famille
ont pris un assez vilain tour. Le roi, son père,
est mort; sa sœur est tombée au pouvoir
du roi Morgone, lequel occupe les trois
quarts du pays et, pour le moment, assiège
la capitale.

C'est alors que Farruscad regrette sa
chère Kérestani et les deux enfants qu'elle
lui avait donnés, la petite Rézia et le petit
Bédrédin. Il voudrait les reconquérir, il
voudrait racheter sa faute. La fée lui apparaît, et, après des reproches assez natu-

rels, lui apprend qu'il devra subir bien des
épreuves dont il n'est pas sûr de sortir
vainqueur. Il faudra, par exemple, qu'il ne
s'étonne de rien, quoi qu'il arrive, et surtout qu'il ne la maudisse jamais, quoi qu'elle
fasse. Et, pour commencer, elle jette les
deux enfants dans une fournaise ardente ;
le malheureux se voile la face et garde le
silence. Mais, comme roi, il souffre plus que
comme père ; les maux qu'endure son peuple l'impressionnent plus encore que la
perte de ses enfants. La ville est affamée
par un long siège, à moitié détruite, prête
à se rendre. Alors son cœur déborde et il
éclate en imprécations contre celle qui a
causé tous ces malheurs ; il maudit la fée
Kérestani, qui lui apparaît une seconde
fois : « Lorsque je t'ai perdu, lui dit-elle,
« j'ai demandé à notre souverain la grâce
« de ne pas te survivre et de mourir avec

« toi. Cette grâce m'a été accordée à la
« condition que pendant huit années celui
« qui avait été mon mari ne me maudirait
« pas, quelque action que je fisse pour
« provoquer cette malédiction. Tu viens
« de me condamner : je vais subir ma
« peine. Ne crains plus rien pour tes
« enfants, le feu les a épargnés ; ils seront
« des mortels comme toi. Quant à moi,
« hélas ! je vais pour deux siècles être
« changée en un monstrueux serpent, à
« moins que tu ne parviennes à me sau-
« ver ; mais ce serait sans doute un
« trop grand effort à t'imposer. Ne risque
« donc pas ta vie pour la mienne ; elle
« m'est toujours chère, quoique je sois loin
« de toi. »

Farruscad, désespéré, ne l'entend pas
ainsi ; il est coupable et il doit expier sa
faute. Tout d'abord il défait le roi Morgone ;

puis, secondé par les conseils d'une fée
bienfaisante, nommée Farzane, il se soumet
à toutes les épreuves qui doivent lui permettre de racheter ses fautes. Finalement
il embrasse un serpent, et, par ce baiser,
rompt le charme. Kérestani redevient
femme ; le roi et la reine rentrent dans leur
capitale et retrouvent enfin leurs enfants,
auxquels ils ne manqueront pas de donner
beaucoup de frères et de sœurs, comme
ont coutume de le prédire, en manière de
conclusion, ceux qui écrivent des histoires
de fées.

Une telle fable qui tient plus du roman
que du drame ne pouvait être rendue ac-
ceptable au théâtre qu'au moyen de subter-
fuges et de travestissements bons pour
entretenir la belle humeur du public. C'est
ainsi qu'à côté des personnages principaux
se mouvait toute une troupe de comparses.

Par exemple, on n'assistait pas à la grande
bataille où Farruscad triomphe de Morgone; l'affaire était racontée par Truffaldin, vêtu en crieur des rues et vendant
pour un sou la relation officielle d'événements qu'il interprétait avec sa hâblerie
traditionnelle. Puis, le prince avait un serviteur, Pantalon, qui partage les aventures
de son maître et dont les saillies, d'un
goût douteux parfois, empêchent la situation de tourner au tragique.

Bref l'auteur s'efforçait seulement d'être
gai et ne prétendait point mettre en dehors
le côté philosophique, poétique ou même
simplement expressif du sujet qu'il traitait.
Car, en somme, il s'appropriait une légende orientale dont les éléments con-
stitutifs se retrouvent dans la littérature
grecque aussi bien que dans la mytho-
logie indoue. La nymphe Ourvasi qui s'est

donnée au mortel Pourourava, le quitte parce qu'il n'a pas gardé son secret et s'était vanté de la posséder. La mortelle Psyché qui s'est unie au dieu Éros, le perd parce qu'elle est indiscrète et veut pénétrer le mystère où s'enveloppe son amant.

Quoi qu'il en soit de cette histoire et de ses origines antiques, elle plut à Wagner qui sans doute y vit tout d'abord le cadre d'une mise en œuvre bizarre et compliquée, faite pour émouvoir le spectateur. Il y avait là des jardins féeriques, des rochers sauvages, des apparitions, des vols de colombes qui conduisent le char des déesses, des scènes de magie où des paroles mystérieuses donnent la mort aux gens et la vie aux choses : toute cette fantasmagorie ne pouvait manquer d'agir sur l'imagination d'un jeune homme qui cédait alors aux premières

séductions du romantisme à la mode et se
passionnait pour l'auteur du *Freischütz* et
d'*Obéron*.

Son premier soin fut de changer les noms
des personnages. Ceux qu'avait adoptés
Gozzi ne convenaient guère à la musique.
Farruscad devint ainsi le prince Arindal,
sa sœur Canzade la princesse Lora, et Kérestani la fée Ada. Il fit à Farzane l'honneur de la garder, mais tous les personnages
de la comédie italienne disparurent: il ne
s'agissait plus en effet d'une farce propre
à divertir les gais Vénitiens, mais d'un
drame capable d'impressionner les graves
Allemands. Au sieur Pantalon fut donc
substitué l'écuyer Gernot dont le rôle
toutefois, en souvenir de son origine, con-
serva une allure plaisante et fut qualifié
par Wagner, *Bass-buffo*. Quant aux com-
pagnons d'Arindal, ajoutés dans l'opéra,

ils s'appellent Morald et Gunther, noms
dignes de remarque, puisque le premier
se retrouve à une lettre près (Morold) dans
Tristan, et le second est un des héros de
la Tétralogie.

Enfin, sans entrer plus avant dans le
détail, trois modifications capitales trans-
formèrent l'œuvre de Gozzi: 1° La fée se
change, après la malédiction de son époux,
non plus en serpent, mais en statue; 2° Le
charme est rompu, après la série des
épreuves, non plus par l'aumône d'un baiser, mais par la toute-puissance du chant;
3° La fée, en épousant un homme, ne
perd pas l'immortalité pour régner sur
un simple royaume de la terre; c'est
l'homme, au contraire, que l'amour a
élevé jusqu'au rang des dieux et qui
devient un immortel pour régner dans
l'empire des esprits. Ce dernier trait ré-

vèle même une certaine ingéniosité, et
M. Georges Noufflard l'a fort judicieuse-
ment observé : « Conduit par son instinct,
Wagner, dit-il, avait donc su dégager la
forme naturelle de la légende indienne,
sous les altérations qu'elle avait subies à
travers ses migrations.»

Comme on le voit, ces trois innovations
avaient leur importance: la première était
scénique, la seconde musicale, la troisième
philosophique. En elles se retrouvaient,
pour ainsi dire, les trois faces du génie de
Wagner: l'instinct du dramaturge, l'imagination du compositeur, la pensée mystique
du poète.

* * *

Une grande ouverture en mi majeur
sert de préface à l'ouvrage, et Wagner
nous apprend, par une mention sur le
manuscrit original, qu'elle fut écrite, l'o-
péra terminé, en l'espace de cinq jours,
du 2 au 6 janvier 1834. C'était imiter
la manière de procéder et la célérité
de Weber. L'imitation d'ailleurs n'est pas
moins sensible dans la conception que
dans l'exécution et apparaît dès les premières mesures, un adagio caractéristique
avec son dessin de doubles croches ascendantes, qui annonce le thème fondamen-

tal fourni par le grand air d'Ada, au
deuxième acte.

Une succession de cinq accords parfaits,
revenant plusieurs fois par la suite, et for-
mant ainsi un premier essai de *Leitmotiv*,
conduit à une petite marche dont une mo-
dulation de mi majeur en sol ♯ mineur
reparaît plus tard textuellement dans la
marche des fiançailles de *Lohengrin,* et

avec laquelle s'ouvre et se ferme le finale du premier acte.

Adagio.

Un poco meno adagio.

Sur le murmure des altos, le motif principal semble se poser pour prendre son
vol; les accords du début l'interrompent.

Puis il s'élance, éclatant, riche, presque
trop riche de développements qui le ra-

mènent sans cesse, tantôt accompagné par
le trémolo des cordes, tantôt scandé par
les cuivres, véritable tourbillon que traverse
deux fois une gracieuse mélodie, esquissée
dans le finale du second acte, dite d'abord
par la flûte, et peu après, tour à tour, par
la clarinette, le hautbois, et le quatuor.

Lorsque le thème fondamental reparaît, il se complique des accords du début, présentés par augmentation, suivant le procédé dont Wagner se servira plus tard dans le *Santo Spirito* de *Rienzi*, et le tout se fond dans une strette un peu vulgaire mais énergique, toujours empruntée au grand air d'Ada, où certain contour chromatique et descendant porte déjà la signature de l'auteur, car on le retrouvera, à quelques variantes près, dans le duo de Senta et du Hollandais, dans le septuor de *Tannhäuser*, même dans le grànd duo de *Lohengrin*.

4

Le motif principal offre d'ailleurs de
sérieuses analogies avec celui de son ouverture de *Faust*; il semble que ce soit là
comme la première ébauche d'un tableau
qui s'achèvera plus tard; mais déjà les
touches en sont brillantes, et l'on doit
s'étonner qu'une telle œuvre n'ait jamais
été exécutée qu'une fois dans un concert, à
Magdebourg, à l'époque où Wagner y rem-
plissait les fonctions de chef d'orchestre.
En dépit de certaines redondances et re-
dites inutiles, imposées par la mode de
l'époque, elle a presque autant de couleur
que celle de *Rienzi*.

* * *

Premier acte. — La toile se lève sur le décor d'un jardin magnifique où les fées mêlent
joyeusement leurs danses et leurs chants.
La mélodie exposée par le cor éveille le souvenir de certaines phrases d'*Obéron*; chose
curieuse, on y rencontre déjà cet accord de
septième si caractéristique par lequel s'appellent les sirènes au début de *Tannhäuser*.

Andante quasi allegretto.

La scène est courte, mais délicate et suffisamment pittoresque. Une fée, Zemira, ne
prend point de part aux jeux de ses sœurs,
et son entretien avec une autre fée, Farzana,
nous apprend qu'Ada, la propre fille de leur
roi, s'est éprise d'un mortel, le prince Arindal, et que pour cet amour elle a renoncé

à l'immortalité. Toutes se désolent et finissent par appeler à leur aide le chœur des génies, afin de séparer les amants et, s'il est possible, de reconquérir Ada: ensemble vivement mené selon les procédés de l'époque et qui nous conduit, comme une sorte de bref prologue, au second tableau.

C'est un site désolé où se rencontrent à leur grande surprise d'une part Gernot, écuyer d'Arindal, de l'autre Morald et Gunther, ses amis qui le cherchent, car on a besoin de son bras pour sauver le royaume: son vieux père est mort; Lora, sa sœur, est convoitée par un ennemi cruel dont les armées assiègent déjà la capitale. A son tour, Gernot leur apprend comment, il y a huit ans, son maître et lui ont plongé dans une rivière pour y suivre une biche qui leur avait montré le chemin en s'y précipitant elle-même. Cette biche était une

fée dont Arindal n'a pas manqué de s'é-
prendre, et elle lui a dit: «Je t'aime comme
tu m'aimes; mais pour être à toi, il faut que
tu passes par bien des épreuves; avant
tout, pendant huit années, tu devras ne
jamais me demander qui je suis.» Gernot
avait tenté de détourner le prince, mais
vainement, car deux enfants étaient nés,
gages de leur passion coupable. Or, un
jour, la question fatale a été posée et brusquement le château enchanté a disparu;
maître et serviteur se sont retrouvés dans
cet affreux désert. Toute cette histoire
assez conforme, on le voit, à la fable imaginée par Gozzi, est traitée par le musicien
en récitatifs, tantôt libres, tantôt mesurés.

Les trois personnages se retirent discrète-
ment pour discuter leur plan de campagne et
laisser Arindal exhaler sa tristesse dans un
air avec récitatif, cantabile, allegro et strette.

Il y a là pourtant un peu plus d'indépendance que ne le laisserait prévoir une coupe
aussi classique; ce dessin mouvementé,
haletant, du début, répond très justement à
l'état d'âme du malheureux et l'accompagnement prend partout le pas sur le chant:

Quant à la phrase principale, d'une coupe médiocrement originale, d'ailleurs, elle est symphoniquement annoncée par une série de fragments que se repassent tour à tour le violoncelle, le violon, l'alto et la flûte; elle se mêle enfin aux plaintes de la clarinette qui dialogue avec la voix, procédé où se dénote au moins une tendance à quitter les sentiers battus.

A ce moment reparaît Gernot dont le caractère comique s'affirme par le tour leste et piquant du récitatif: c'est une sorte de Leporello qui voudrait démontrer à Don Juan que les femmes sont haïssables, surtout celles qui s'occupent de magie, et, à l'appui de son dire, il cite l'exemple de « Madame Dilnovaz », une vieille et laide qui semblait jeune et belle parce qu'elle portait une bague enchantée; le roi qui l'aimait, dans un accès de jalousie lui coupa le doigt où brillait la bague, et la sorcière se montra telle qu'elle était, hideuse. Ce morceau, que Wagner nomme, on ne sait trop pourquoi, romance, est une ballade qui rappelle même en un point celle du *Vaisseau Fantôme*; seulement la note est ici plaisante; vers la fin, notamment, il convient de signaler la spirituelle suspension de la mélodie sur le mot « la bien-aimée », et l'insistance avec laquelle le mot se répète: « la bien-aimée, la bien-aimée... n'était qu'une horrible vieille. » C'est de la comédie musicale au bon sens du mot.

L'éloquence de Gernot reste sans effet; celle de Gunther et de Morald réussit au contraire. Transformés par la baguette de Groma, le génie bienfaisant de la famille, ils se présentent successivement, le premier sous la figure d'un vénérable

5

prêtre, le second sous les traits du feu roi, père d'Arindal, l'un disant qu'il faut fuir les sortilèges pour sauver son âme, l'autre qu'il faut le suivre pour sauver son royaume : trio qui se transforme en quatuor sans offrir sous sa forme vieillotte d'autre attrait que celui d'une certaine animation scénique.

Arindal promet de partir le lendemain. Une force invincible le retient un jour encore en ces lieux : il s'endort en effet, et voit dans son rêve celle qu'il va quitter. Au fond d'un jardin merveilleux se dresse le palais des fées et Ada vient elle-même, richement parée, se plaindre de sa grandeur et chanter sa détresse. Le changement de décor se fait sur une musique expressive et douce, où le cor se mêle poétiquement au timbre des instruments à vent. Par malheur, la cavatine d'Ada n'est qu'un

morceau de facture sans valeur, et le duo
qui suit, entre les deux amants, n'est guère
préférable ; la chaleur en est factice et
l'accent banal.

L'intérêt ne renaît qu'avec le finale.
Conduite par Gunther, Morald et Gernot,
une troupe de chevaliers vient chercher
Arindal, que la mort de son père a fait
roi ; conduite par Farzana et Zemira, une
troupe de fées vient saluer Ada, que la
mort de son père a faite reine. Les
deux groupes se font donc bien opposition et forment comme une sorte de trame
sur laquelle la voix des solistes peut tracer
ses broderies. L'heure de la séparation
a sonné.

Pour se revoir il faut que le prince jure
de ne jamais maudire celle qu'il aime, quoi
qu'elle fasse : ainsi le veut la destinée.
Devant les fées et les chevaliers servant

de témoins, le serment est prêté! Deux
motifs attirent alors l'attention: celui de la
marche, entendue dans l'ouverture, et celui
du sextuor (Adagio $^4/_8$), lorsqu'Arindal a
promis solennellement. De plus, la dernière
partie est ingénieusement coupée: chœurs
et solistes alternent ou se mêlent avec
adresse. En revanche, on ne saurait ap-
prouver aujourd'hui les brusques arrêts
suivis de points d'orgue, les retours inutiles des mêmes phrases, les répétitions
d'accords parfaits placés alternativement
sur la tonique et sur la dominante, tous
artifices visiblement importés d'Italie.

* * *

Deuxième acte. — Dans le péristyle du palais d'Arindal les trompettes ont retenti. Gens du peuple et soldats se pressent en désordre, incapables de lutter contre l'ennemi qui les assiège, vaincus d'avance et désespérés. C'est bien l'agitation d'une ville en armes, telle qu'on le retrouvera plus tard dans *Rienzi*, avec une fougue analogue. Par la disposition de l'harmonie et la plénitude de la sonorité, on croit entendre aussi comme un écho des scènes de ce genre traitées par Gluck.

Les souvenirs classiques semblent au reste animer ce début d'acte, car l'air de

Lora, sœur d'Arindal, venant, elle aussi, au milieu des combattants raconter ses désespoirs, commence comme une sonate de Beethoven, simple et expressive.

Il ne change de caractère qu'à l'arrivée d'un messager, annonçant le retour du prince disparu. Alors le larghetto se transforme en allegro, et la mélodie, soutenue par le chœur, prend une allure nettement *Weberienne.*

Allegro molto.

Lora.

Wie fass' ich mich vor ho - - her Freude, wie

fass' ich mich vor Won - - ne - gluth.

Arindal et Morald se présentent à Lora,
et leur rencontre donne lieu à un trio fort
inégal où le compositeur a essayé de tra-
duire les sentiments divers des personnages :
Lora heureuse d'avoir retrouvé son frère,
Morald fier de le lui avoir ramené, car il
l'aime, et Arindal désolé, car son bonheur
s'est évanoui. Les deux premiers entonnent
la phrase principale en majeur et le troisième la reprend en mineur d'une façon assez
ingénieuse. Tous trois se retirent ensemble,
sortie bien maladroite, par parenthèse, car
rien ne la justifie, sinon le désir de placer
un duo comique entre Gernot, l'écuyer
du prince et Drolla, camériste de la princesse. Il est d'ailleurs vraiment réussi, ce
léger badinage où les amoureux simulent
d'abord une scène de jalousie pour avoir
le plaisir de s'embrasser après. Il y a là
comme un souvenir de Papageno et Papa-

gena dans la *Flûte enchantée*, ou encore de Scherasmin et Fatime dans *Obéron*. La musique est plaisamment adaptée aux paroles; les parties dialoguent avec aisance; on comprend, en lisant ces pages, que plus tard le même auteur ait pu écrire *les Maîtres Chanteurs*, et dessiner en particulier la figure juvénile et aimable de l'apprenti David.

Les amoureux partis, sans plus de raison qu'ils ne sont venus, la scène reste vide, et c'est le moment que choisit la fée Ada pour nous expliquer dans un grand air la destinée qui l'attend. Le besoin s'en faisait d'autant moins sentir qu'elle raconte d'avance une partie des événements auxquels le spectateur va assister, procédé antidramatique par excellence. Mais la première chanteuse avait besoin d'un long morceau pour y briller à l'aise, et

Wagner a trouvé dans Weber des modèles qu'il n'a eu garde d'oublier. Le motif en a inspiré l'ouverture, de même que l'air d'Agathe avait inspiré l'ouverture du *Freischütz*. Nous l'avons suffisamment caractérisé plus haut.

Cependant les troupes assiégées vont livrer un dernier combat, conduites par Morald; car Arindal est comme anéanti: de sombres pressentiments l'agitent et se réalisent en effet. Ada survient, lui amenant ses deux fils, et lui rappelant son serment. Au signal donné par elle, un brasier magique s'allume, et, malgré les supplications du père, elle y plonge les enfants. L'assemblée pousse, on le comprend, des cris d'horreur et d'imprécation contre cette mère dénaturée. Arindal pleure; Ada elle-même se désespère d'être l'instrument aveugle et fatal d'une volonté à laquelle elle ne peut se

soustraire. Cette première épreuve ne suffit
pas. Un guerrier accourt, annonçant que
les renforts amenés par lui ont été détruits,
après s'être heurtés à une armée qu'une
femme commandait, et cette femme est celle
qu'il voit dans ce palais, au milieu de tous,
Ada. A ces mots la colère d'Arindal éclate
enfin! Le père s'était tu; le roi se révolte,
qualifie de traîtresse celle qui s'alliait avec
ses ennemis et finalement la maudit. La fée
explique alors son terrible et étrange secret.
Pour appartenir à Arindal, elle avait renoncé au privilège de l'immortalité, mais
une condition lui était imposée: pendant huit
ans, son époux devait se garder de l'inter-
roger sur son origine, et, ce temps écoulé,
il ne devait jamais la maudire, quoi qu'elle
fît ou même eût l'air de faire. Sinon, elle
resterait immortelle, perdrait à jamais celui
qu'elle adorait, et serait pour un siècle

changée en pierre. Arindal n'a pas été
maître de lui: la destinée s'accomplira.
Loin l'un de l'autre ils vivront, et la
prospérité renaîtra dans le royaume, car
le charme des fâcheux sortiléges touche
à sa fin. Déjà même, elle lui rend ses
enfants que le feu n'avait pas consumés,
et lui annonce la victoire décisive de
Morald qui rentre avec ses troupes, au
milieu des acclamations de la foule. Mais
le pauvre Arindal n'entend et ne distingue
plus rien. Sa raison s'est égarée; il se
traîne vainement aux pieds d'Ada qui le
repousse et disparaît, emmenée par Farzana et Zemira, ses sœurs, dans le pays
des fées.

Comme on le voit, le finale est long et
compliqué; les épisodes s'y succèdent,
nombreux et variés; la situation, en dépit
de sa singularité, ne laisse pas que d'être

dramatique, et il fallait une riche palette
pour trouver les couleurs propres à cette
immense toile décorative. Ce morceau est
le seul, au reste, dont Wagner plus tard
daignait se souvenir avec quelque satis-
faction, disant qu'il en avait « attendu un
grand effet ». L'événement n'a pas démenti
ses prévisions; il s'inspire des situations
et les traduit avec une sûreté, une force et
une ampleur remarquables. Au début, l'agitation des combattants, puis l'entrée des
enfants d'Ada, si gracieusement soulignée
par l'orchestre, et, à leur vue, la joie
d'Arindal rendue par une phrase de coupe
italienne, mais si simplement expressive
que Bellini l'aurait pu signer; plus loin la
scène lugubre du brasier, et la douleur du
bourreau involontaire où reparaît la jolie
phrase de l'ouverture; l'indignation de la
foule avec ses progressions chromatiques

ascendantes comparables à celles de *Rienzi*;
la malédiction d'Arindal amenée par les
rappels systématiques de la ballade que
chantait l'écuyer au premier acte, en faisant
allusion à la fausseté des sorcières; le grand
récit d'Ada, soutenu par des accords, non
dépourvus de noblesse; les chœurs des
soldats, revenant victorieux, avec leurs so-
norités vigoureuses, tout cela forme un
ensemble un peu long, mais où la netteté
du plan général, l'heureux agencement des
parties, l'opposition des groupes, la pro-
gression de l'effet, révèlent déjà un homme
de théâtre, sûr de sa plume et maître de
son inspiration.

* * *

Troisième acte. — Lorsque le rideau se
lève sur la grande salle du palais d'Arindal,
le peuple fête la victoire de Morald et ses
fiançailles avec la princesse Lora. Déjà
même on l'acclame comme roi, puisque le
vrai souverain, tombé en démence, ne peut
plus gouverner ses États. Un chœur dansé
anime cette scène dont le rythme général
est celui d'un menuet lent et dont la première phrase n'est pas sans une vague
analogie avec celle du chœur nuptial de
l'Africaine « Remparts de gaze. »

Moderato e maestoso.

A cette riante scène d'exposition succède
la plus belle page de la partition. Les assis-
tants invoquent le Très-Haut et appellent
sa pitié sur le prince dont la raison a
disparu: cette prière monte vers le ciel
avec une suavité d'expression, une pureté
de contours qui séduisent et ravissent. Les
voix sont divisées en deux groupes: d'une
part un chœur mixte, de l'autre les solistes
Lora, Drolla, Gunther, Morald, Gernot.

Pas d'accompagnement d'orchestre : c'est un ensemble *a capella* avec cinq parties réelles soutenues par un chœur à quatre parties. La phrase, majestueuse et sereine, se déroule en une pure harmonie et prend une forme nouvelle dans les complications sans cesse plus serrées de ce contrepoint vocal. Il n'y a que trente-six mesures en tout ; mais elles mériteraient à elles seules de sauver tout l'ouvrage de l'oubli.

L'air suivant sans être aussi remarquable, a une réelle valeur. Arindal se présente seul, les yeux hagards ; il croit encore mener cette chasse fatale où il a rencontré la biche merveilleuse ; il la frappe de sa flèche et pénètre dans ce palais enchanté où il a goûté les délices des élus ; puis il retombe dans la misère ; il est maudit ; son âme souffre ; la la nuit l'enveloppe et il s'abat sans force sur les marches du trône où il s'endort.

Les diverses phases de ce petit drame
sont exprimées avec une singulière énergie. En dépit du titre, pas d'*air* proprement dit, mais une déclamation vigoureuse
et soutenue. Le chant ne quitte guère
l'orchestre où la symphonie revêt un
caractère nettement descriptif : la chasse,
avec ses appels de cors, et son accord
caractéristique de quinte augmentée que
Wagner utilisera plus tard pour le chœur
de *Götterdämmerung,*

L'entrée dans le royaume des fées avec sa ritournelle caressante, la fin agitée et aboutissant à un émouvant pianissimo, forment les trois parties de ce morceau presque entièrement construit en dehors des formules dont Wagner, en écrivant son premier opéra, n'a pas toujours secoué le joug.

Pendant son sommeil, Arindal entend la voix d'Ada, et celle de Groma, son bienfaiteur, qui promet de le sauver. A ses pieds tombent un bouclier, une épée et une lyre: ainsi commence la série des prestiges qui vont maintenant se succéder jusqu'à la fin de l'opéra. Lorsqu'Arindal revient à lui, il trouve à ses côtés les deux fées Farzana et Zemira qui l'excitent à tenter la délivrance de sa bien-aimée, avec le secret espoir qu'il échouera dans sa tentative et se perdra sans retour : trio

médiocre qui par son allure pseudo-che-
valeresque se rapprocherait de certain
duo de Meyerbeer. Remplaçant Bertram,
les fées demandent au nouveau Robert:
« Auras-tu ce courage? » et celui-ci répond comme son aîné: « Des chevaliers
de ma patrie, » avec une vocalise ascendante dont l'éclat ne rachète point la
banalité.

Allegro di molto.

Arindal.

Ah! sie, die   Gat - tin zu be - frein

wie füllt es mich mit   Freu-den-gluth !

cresc.   *f*

Voici les épreuves par lesquelles Arindal
doit passer, comme Tamino dans la *Flûte
enchantée.* Au fond des abîmes, les fées
l'ont entraîné dans un gouffre où les esprits
de la terre essayent de l'arrêter : il agite
son bouclier et les disperse, célébrant sa
facile victoire par un chant joyeux auquel
répond, comme un écho, le chœur des
esprits de Groma, mélodieux et doux.

Conduit dans une autre partie de l'empire souterrain, il se heurte à des hommes d'airain qui lui barrent la route et psalmodient lugubrement une menace monotone et lourde, composée d'une seule note répétée avec insistance: il brandit son épée et ses adversaires se dispersent, tandis qu'il reprend une tierce plus haut son chant de triomphe auquel répond encore la voix des esprits de Groma. Enfin il arrive devant un rocher de forme humaine. Farzana cherche à le détourner de ses projets, l'avertissant qu'il sera lui-même changé en pierre, s'il échoue. Mais le bienfaisant Groma l'invite à saisir sa lyre, et le pouvoir de la musique rompt le charme, en délivrant Ada qui se jette dans les bras de son sauveur. Peut-être pouvait-on attendre du nouvel Orphée une mélodie plus expressive et partant plus éloquente: celle-ci est à peine suffisante.

Larghetto.

Arindal.

O ihr, des Büs - sens Hochge-füh - - - le,

Harpe.

die hold in Lie - - be sich um-fah'n,

Avec son accompagnement obstiné de harpe, elle rappelle certains fragments du concours des chanteurs dans *Tannhœuser*, mais avec beaucoup moins de justesse d'accent et de puissance : seuls les accords parfaits du début de l'ouverture reviennent ici avec une noblesse caractéristique et planent majestueusement sur cette fin de scène.

L'ouvrage se termine par une brillante apothéose. Arindal abandonne à sa sœur Lora, le royaume de la terre, et franchit avec Ada le palais des Fées, où l'immortalité récompensera son amour.

*   *   *

Une analyse aussi serrée que la précédente est un procès-verbal où l'on enre-
gistre les qualités et les défauts de l'œuvre
au fur et à mesure qu'on les rencontre. La
conclusion générale ressort aisément de ces
jugements partiels.

Au point de vue du poème, la critique
l'emporte sur les louanges. Dépouillée de
ses hors-d'œuvre satiriques et bouffons,
réduite au seul élément fantastique, la
pièce de Gozzi aboutit à une féerie un peu
enfantine qui tient plus du roman que du
théâtre. C'était là un gros écueil, et Wagner
n'a pas réussi à l'éviter. Il a bien cousu

8

plusieurs tableaux les uns au bout des autres; mais il n'a pas trouvé ce fil dramatique, ou, si l'on veut, cette ficelle qui rattache entre eux les épisodes et varie l'intérêt en ménageant la curiosité.

L'action s'engage avec peine; elle s'embarrasse dans une foule de récits qui encombrent et alourdissent le premier acte et la moitié du second. Les entrées et sorties des personnages sont souvent maladroites ; la facilité qu'avait l'auteur de les faire paraître et disparaître l'a rendu négligent; il a cru qu'un coup de baguette par-ci et un coup de tonnerre par-là dispensaient de toute préparation scénique. En dépit des changements de décors, la monotonie n'est pas évitée parce que les sentiments exprimés sont souvent analogues : Arindal, Ada et Lora ne connaissent que la douleur et multiplient leurs gémissements. De plus

la part du merveilleux est trop prépondé-
rante en ce sens que les héros n'ont plus
d'énergie personnelle, de vitalité propre ;
les deux amants surtout ne sont que des
marionnettes dont la destinée tient les fils,
et les épreuves suprêmes ne sauraient nous
émouvoir, car elles n'impliquent nul effort
chez celui qui les traverse, un talisman à la
main.

En revanche, au milieu de cette fantasmagorie se dégage une allure poétique très
personnelle, une imagination ardente, une
richesse de langue et de pensée, supérieures
aux travaux habituels des auteurs de vingt
ans. Sans doute Wagner n'use pas encore
de la rime et de l'assonance, ces deux procédés, dont il a tiré par la suite de si grands
effets : le poème est écrit tout entier en
vers iambiques non rimés. Mais déjà sa pa-
role est imagée, et dans les livrets de

cette époque, on ne trouverait peut-être pas
beaucoup de scènes traitées, par exemple,
comme celle de la folie d'Arindal :

« Halali ! lâchez tous les chiens ! Là-bas,
là-bas, voyez la biche ! Par ici, vous chas-
seurs, par ici ! En avant, toi piqueur, et
bravement ! Ah ! le cor résonne. Voyez, déjà
la bête est lasse ! saisissez-la ! Je décoche
la flèche : Comme elle fend l'air ! J'ai bien
visé, ha ! ha ! le cœur est touché. — Mais,
regardez ! la bête pleure, une larme brille
en ses yeux. Oh ! comme elle me regarde,
ainsi blessée ! Mais, ô prodige ! C'est Ada,
ma bien-aimée. Ah ! comme elle est belle !
Voici que là-bas s'ouvre le ciel avec ses
portes lumineuses. Quelles splendeurs et
quels parfums ! Suis-je un dieu pour éprouver ce que j'éprouve ? Mon âme apaisée

s'élève, tandis que la terre s'enfonce et disparaît. Une main m'est tendue; elle me
serre avec amour, et m'emporte bien haut!
Je respire l'air embaumé des dieux. —
Mais quoi? je suis encore un simple mortel
et je t'ai maudite! Ah! c'en est fait, me
voici redevenu poussière. Reste-là, poussière: la terre te recouvre et te garde!»

En citant ce passage, un critique allemand,
M. Théodor Helm, a justement observé
qu'une telle tirade n'était point enfantine.
«Involontairement dit-il, *ce regard de l'animal blessé* fait songer aux reproches que
Gurnemanz adresse à Parsifal, meurtrier du
cygne, et ces mots: *Comme elle est belle!*
éveillent le souvenir d'Iseult.» La remarque
est curieuse et méritait qu'on la rapportât.

Au point de vue de la musique, les louanges

l'emportent sur la critique. Sans doute, l'influence trop directe de Weber, de Beethoven et même de maîtres moins illustres mais alors en possession de la faveur publique, nuit à l'originalité de l'œuvre, et l'on doit se ranger d'une façon générale à l'opinion de l'auteur lui-même qui disait plus tard, en parlant des *Fées* que «les *ensembles* étaient réussis, mais les *soli* moins satisfaisants». Le plus gros défaut est peut-être l'absence d'une qualité que, par la suite, Wagner a possédée au plus haut degré: la *caractéristique musicale* des personnages. Nul mieux que lui n'a su dessiner des types avec une franchise, une vigueur qui les rendent inoubliables et tels, en un mot, qu'on ne les conçoive plus autrement. Dans *les Fées,* cette faculté créatrice se montre peu. Arindal n'a pas la stature même d'un Rienzi; malgré ses cris forcenés et la tension de son rôle à l'aigu, il semble un peu mièvre et tient du troubadour. Ada, moitié femme et moitié déesse, n'échappe pas aux inconvénients de cette double nature; elle manque tout à la fois d'idéalité et de réalité; elle ne sait ni aimer ni souffrir avec la noblesse et la majesté d'une Brunehilde. Les fées elles-mêmes n'ont pas cette grâce, cette diaphanéité et, si l'on peut dire, cette transparence lumineuse dont Weber et Mendelssohn ont découvert le secret. La suivante Drolla, le guerrier Morald, la princesse Lora, elle aussi, malgré son air spécial, ne viennent qu'au second plan. C'est Gernot, l'écuyer, dont la figure se profile peut-être avec le plus de netteté: au premier acte sa ballade, au second son duetto suffisent à marquer sa physionomie.

Mais ces taches se trouvent à demi effacées par des mérites peu communs: le

soin apporté aux récitatifs, la justesse de la
déclamation, la richesse de la polyphonie
vocale, l'ordonnance des longs morceaux,
le maniement de l'orchestre déjà sonore et
intéressant, enfin, en dépit de certaines vul-
garités, une *force mélodique* telle que, si
Wagner avait suivi le chemin de l'opéra
au lieu de se frayer celui du drame lyrique,
il aurait pu s'élever encore au premier rang
parmi les maîtres de l'époque. Admettons,
comme lui-même le craignait, que le souci
de la prosodie l'ait empêché de « donner
à la mélodie l'indépendance et la liberté
nécessaires pour que le chanteur pût pro-
duire de l'effet», il n'en reste pas moins
quelques parties à l'abri de tout reproche,
telles qu'un duo, un finale, un quintette et
la scène de la folie, soit la moitié finale
du second acte et la moitié initiale du
troisième.

De cette œuvre enfin, et là n'est pas son moindre mérite, on pourrait dire qu'elle est une œuvre sinon d'inspiration, au moins d'aspiration, car on y voit poindre le désir de s'élever, « *Zug nach oben* » cette marche vers les sommets dont Wagner a fait la devise de sa vie. Dans ce cerveau de vingt ans bouillonnaient déjà quelques-unes des idées scéniques dont il trouvera plus tard la complète et véritable expression: un ballet au lever du rideau, comme dans *Tannhäuser*; la confiance dans l'amour et l'observance du secret, comme dans *Lohengrin*; le mouvement d'une ville assiégée, comme dans *Rienzi*; l'ironie et la verve comique, comme dans *Les Maîtres chanteurs*; la conquête d'une déesse par un mortel, comme dans *Siegfried*; la transfiguration de l'être par la passion, comme dans l'apothéose du *Vaisseau Fantôme*; le prestige

9

des enchantements par la magie, comme dans *Parsifal.* C'est ainsi qu'un lien mysté-rieux unit tous les ouvrages du maître ; la chaîne d'or n'est pas interrompue ; le pre-mier anneau s'y soude au dernier.

* * *

Voilà dans son ensemble cette curieuse partition que son auteur mit peu de temps à écrire, si l'on en juge d'après les dates retrouvées sur le manuscrit : 1er acte, 6 août 1833 ; 2e acte, 1er décembre 1833 ; 3e acte, 1er janvier 1834.

Quand l'avait-il commencée ? On peut le deviner à l'aide d'un document que le hasard a mis sous nos yeux, et dont les musicologues n'ont pas encore tiré parti. On a vendu à Berlin, en décembre 1886, un autographe de Wagner, ainsi annoncé : *Chœur d'introduction et septuor*, 8 pages in-folio. Personnages : Ada, Cora, Arindel, Harald, Alde, Admund, Cadolt, Hadmar. M. Leo Liepmannssohn, qui faisait la vente, ajoutait que ce fragment apparte-nait à un opéra intitulé *Les Noces*, dont Wagner avait seulement composé quelques morceaux. C'est une erreur ; il s'agissait évidemment des *Fées* : il fallait lire Lora et non Cora, Arindal et non Arindel ; Ada et Harald sont demeurés ; Alde, Admund, Cadolt et Hadmar ont disparu. Or ces pages portaient une date : 5 décembre 1832 ! A cette époque l'entre-prise était si peu avancée que le nombre et le nom des personnages n'étaient pas encore définitivement fixés. On doit donc admettre que douze ou treize mois ont suffi pour le mener jusqu'au bout : ce qui dénote en somme une certaine promptitude.

Il nous reste à relater les noms de ceux qui ont eu l'honneur de prêter leur talent à la mémorable soirée du 29 juin 1888. La distribution complète n'a pas été publiée en France : c'est un document trop précieux pour n'être pas recueilli avec soin.

Arindal, roi.		(*Ténor*)	M. M. Mikorey.
Morald	Com-	(*Baryton*)	Fuchs.
Gernot	pagnons et amis	(*Basse-bouffe*)	Siehr.
Gunther	du roi.	(*Ténor-bouffe*)	Herrmann.
Un messager.		(*Ténor*)	Schlosser.
Harald.		(*Basse*)	Bausewein
Le roi des fées.		(*Soprano*)	Mlle Blank.
La voix du magi-cien Groma.		(*Basse*)	M. Thoms.

Ada	(*Soprano*)	Mlles Dressler.
Farzana } trois fées.	»	M. Sigler.
Zémira	»	P. Sigler.
Lora, sœur du roi.	»	Weitz.
Drolla, sa suivante.	»	Herzog.

Danse: Mlles Jungmann, Spegele, Capelli, et le corps de ballet.

Chef d'orchestre: M. Fischer.

Chef des chœurs: M. Richard Strauss.

Mise en scène de M. Brulliot.

Machinerie de M. Lautenschlæger.

Costumes dessinés par le prof. Joseph Flüggen.

Décors de MM. Brioschi et Burghart, de Vienne.

Chorégraphie de M. Fenzl, maître de ballet.

Sans présenter aucun chanteur extraordinaire, l'interprétation, dans son ensemble, était satisfaisante, et la mise en scène somptueuse. La représentation intégrale, car on s'était abstenu de toutes coupures, ne dura pas moins de trois heures et demie. On applaudit chaleureusement les grandes

pages et l'on bissa le quintette. Du premier
coup on avait compris que, malgré ses
rides, l'œuvre avait non seulement une
valeur rétrospective, un intérêt historique,
mais, dans certaines parties, un mérite intrin-
sèque incontestable. Le fait de cette représentation a du reste une importance d'autant plus grande qu'il comble une lacune
dans l'histoire des œuvres dramatiques de
Wagner. Depuis *Rienzi,* tous ses opéras
ont été joués et figurent toujours au répertoire de l'Allemagne. Avant *Rienzi,* même
La Novice de Palerme ou La Défense d'aimer,
avait à Magdebourg au moins vu le jour
de la rampe le 29 mars 1836. Seules, parmi
les ouvrages écrits et terminés, *Les Fées*
manquaient à l'appel de la scène.

Complète est maintenant la série. Chaque
année ramène *Les Fées* à l'Opéra de Munich,
et l'on se demande si Wagner ne s'était

pas montré trop sévère pour lui-même, quand, offrant au roi de Bavière les manuscrits originaux des deux partitions, *La Défense d'aimer* et *Les Fées,* il traçait, en manière de dédicace, ce quatrain sur la première page de l'une d'elles :

Ich irrte einst und möcht es nun büssen;
Wie mach ich mich der Jugendsünde frei?
Ihr Werk leg ich demüthig dir zu Füssen,
Dass deine Gnade ihm Erlöser sei.

Mes erreurs d'autrefois, je voudrais maintenant
                                        [les expier;
Comment me libérer d'un péché de jeunesse?
Humblement je dépose cette œuvre à tes pieds,
Pour que ta grâce lui soit une rédemption.

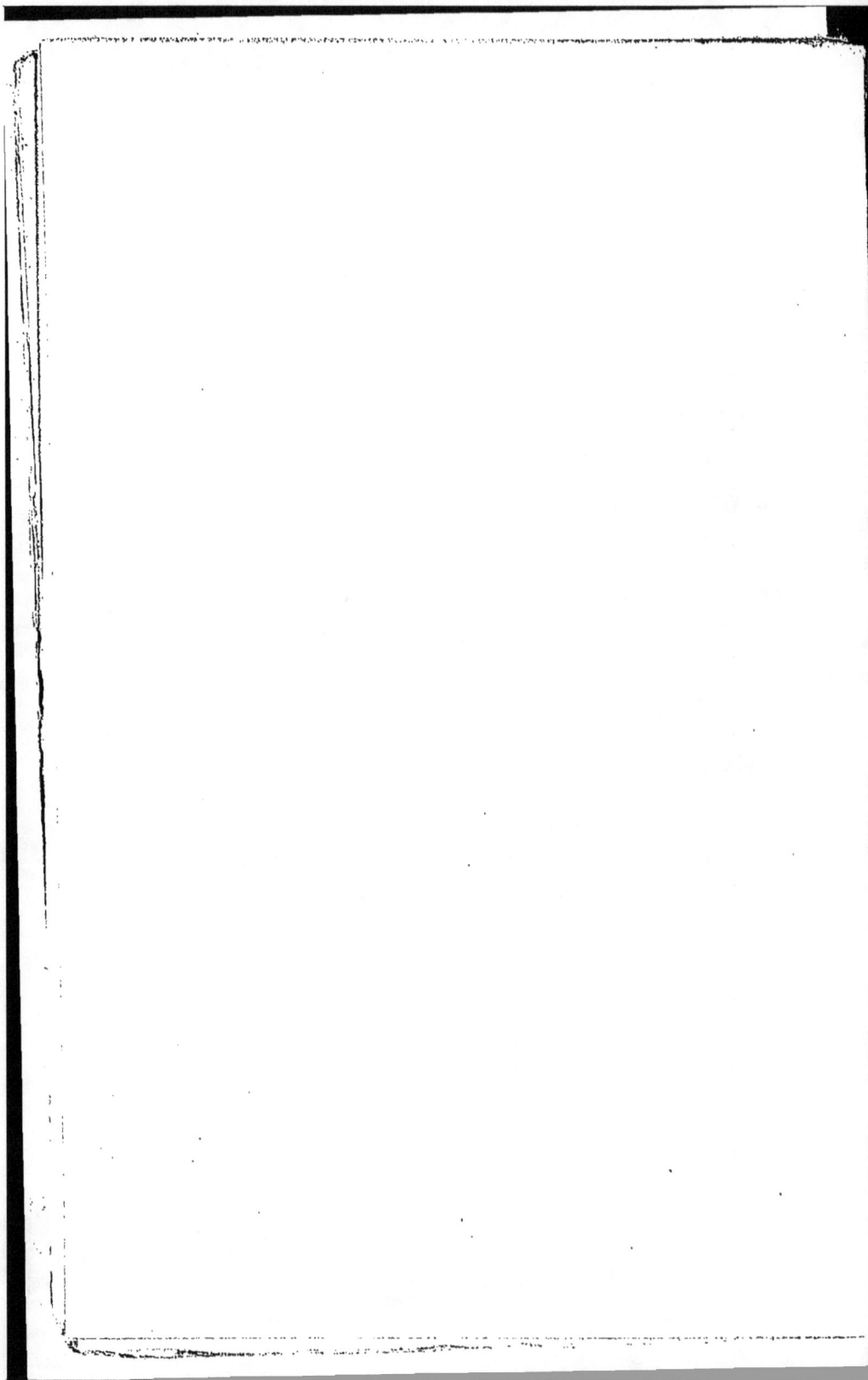

UNE ORIGINE POSSIBLE

DES MAITRES CHANTEURS

UNE ORIGINE POSSIBLE DES MAITRES CHANTEURS

Si l'on demandait, non seulement à un critique de profession, mais même à un amateur de musique dramatique, quelle est la pièce dont le sujet peut se résumer en ces quelques mots : « Pour obtenir la main d'une jeune fille qu'il aime, un artiste, ridicule et plus pédant qu'habile, s'approprie l'œuvre d'un jeune auteur encore inconnu qui aime cette jeune fille et qui, plus heureux que le premier, en est aimé ; la super-

cherie se découvre à la fin, et le véritable
auteur reçoit, sous les yeux de son rival
confus, la récompense de son talent;» la
personne interrogée répondrait vraisem-
blablement: *Les Maîtres Chanteurs* de
Richard Wagner.

Soit; mais cette brève analyse n'en est
pas moins celle qui convient, mot pour mot,
à un ouvrage plus ancien et bien ignoré
aujourd'hui: *L'Élève de Presbourg*, opéra
comique en un acte, paroles de Vial et
Théodore Muret, musique de Luce, représenté à l'Opéra-Comique de Paris, le 24
avril 1840.

Or, à cette époque, Wagner vivait à
Paris; il fréquentait, quand cela lui était
possible, les théâtres de musique, il se tenait
au courant des nouveautés, comme un curieux que toutes les manifestations artistiques intéressaient, bien plus comme un

journaliste qui prend des notes en quête
d'articles, puisque, cette année-là même, il
commençait à collaborer à la *Revue et
Gazette musicale de Paris*. Et c'est précisé-
ment dans ce journal que parut, au sur-
lendemain de la première représentation,
un article signé Henri Blanchard, et analysant d'une façon assez complète *L'Élève de
Presbourg*.

Peut-être Wagner vit-il la pièce et en
lut-il le compte rendu; tout au moins, on
doit admettre comme très probable, sinon
comme certain, qu'il eut connaissance de
l'une ou de l'autre. En effet, il était déjà,
par l'entremise de Meyerbeer, en relations
avec Maurice Schlesinger, propriétaire de
la *Revue et Gazette*.

Quoi qu'il en soit, l'analogie n'en demeure
pas moins évidente et assez étrange pour
qu'on la signale; elle s'ajoute comme un

complément possible, à l'étude dans laquelle M. Maurice Kufferath, entre autres
commentateurs, a précisé les emprunts de
Wagner au *Hans Sachs* de ses devanciers,
c'est-à-dire au drame de Deinhardtstein
et à l'opéra de Lortzing. Voilà pourquoi
il nous a paru curieux de tirer pour un
instant de l'oubli *L'Élève de Presbourg*
et de rappeler brièvement au lecteur ce
que l'on peut savoir de la pièce et de
ses auteurs.

Vial, l'un des librettistes, n'était pas «*le
premier venu*», mais bien l'auteur d'un
vaudeville qui portait justement ce titre et
dont Herold composa plus tard la musique,
après que Planard en eût tiré trois actes
d'opéra-comique. De plus, on lui devait les
paroles de cette *Aline reine de Golconde*,
qu'on cite encore comme le principal titre
de gloire de Berton.

Théodore Muret, son collaborateur, avait écrit, lui aussi, plusieurs ouvrages dramatiques ; mais on connaît surtout son *Histoire par le théâtre*, recueil intéressant et riche en renseignements de toute espèce.

Quant au musicien, Luce, ou plus exactement Luce Varlet, la *Biographie* de Fétis nous apprend que c'était un violoniste et compositeur amateur, né à Douai le 13 décembre 1781, mort dans cette ville en 1856.

Fondateur de concerts d'orchestre, et devenu, suivant l'expression de Fétis, «le centre d'activité de la culture musicale dans sa ville natale», Luce avait composé, en effet, bien des œuvres instrumentales et vocales, ouvertures, musique de chambre, entr'actes symphoniques pour des drames, cantates, chœurs, dont l'une même, *Hymne à l'humanité*, a paru chez Lemoine, opéras enfin, tous représentés à Douai, sauf deux :

L'Élève de Presbourg, édité chez Lemoine et joué à Paris, lorsque l'Opéra-
Comique se trouvait place de la Bourse,
moins d'un mois avant l'ouverture de la
seconde salle Favart;

Le Maëstro ou la Renommée, édité par
Richault et joué à Versailles en 1850, sous
la direction de M. Vachot, qui devait, un
jour, administrer des scènes plus impor-
tantes et qui préludait alors à sa carrière
directoriale. *Le Maëstro* était un petit opéra
comique en deux actes, écrit sur un livret
de l'Esguillon, et que Clément a omis de
mentionner dans son *Dictionnaire lyrique*.

Ajoutons, pour compléter cette notice
biographique, que Luce avait, comme ami
et protecteur, un compatriote, Martin (du
Nord), ministre, vice-président de la
Chambre des députés, lequel pourrait bien
avoir contribué à faire représenter *L'Élève*

de Presbourg, car cette partition lui est dédiée. La croix de la Légion d'honneur, qu'il obtint en 1845, dut combler les vœux de cet aimable homme, dont la place n'est pas grande dans l'histoire de la musique, car il a fallu même un singulier hasard pour amener ainsi son nom à côté de celui de Wagner.

*   *   *

La critique parisienne rendit compte de son œuvre, et Théophile Gautier ne manqua pas d'en commenter le titre à sa façon, c'est-à-dire avec son esprit: « *L'Élève de Presbourg!* dit-il, qu'est-ce que cela, Pres-

11

bourg? Connaissez-vous ce maître? Point
du tout. Mais n'allez pas prendre le Pirée
pour un nom d'homme. Presbourg est une
ville de Hongrie où se tient la Table des
magnats, et le titre du nouvel opéra comique est une grosse faute de français, tout
simplement.»

En deux mots, voici l'intrigue: le jeune
Haydn, arrivé à Vienne, s'est épris de la
fille de Kreisler, maître de chapelle de
l'empereur. Pour échapper à la misère qui
l'étreint, il en est réduit à vendre sa musique au poids du papier; certaine cantate,
faisant partie du tas, tombe ainsi par hasard entre les mains d'un intrigant, compositeur médiocre et vaniteux, Rondonelli,
qui se l'approprie, voit le parti qu'il en
peut tirer, et la fait exécuter comme sienne
devant l'empereur, espérant que le succès
remporté lui vaudra la main de Mina, la

fille du maître de chapelle qu'il aime sans être payé de retour. Au dénouement tout s'explique, et le voleur est volé, car Haydn est reconnu auteur véritable, et les deux jeunes gens s'épousent pour la grande confusion du rival éconduit et bafoué.

Ce livret, assez agréable, était tiré, paraît-il, d'un conte en vers de Mennechet, publié quelques années auparavant.

La musique fut diversement appréciée: « C'est léger, facile, mouvementé, suffisamment modulé (!), dit la *Revue et Gazette musicale*, et l'instrumentation, sans afficher le luxe moderne, est assez riche. » Théophile Gautier se montrait plus sévère: « l'instrumentation, écrit-il, nous semble aujourd'hui un peu pauvre, accoutumés que nous sommes au fracas de Rossini et de Meyerbeer. *L'Élève de Presbourg* aurait sans doute produit plus d'effet sous le Directoire. »

La vérité est que, joué à cette époque reculée, un tel opéra comique eût passé pour très avancé, car il porte, en maint endroit, la trace évidente de l'influence rossinienne, et, pour le prouver, il suffirait de citer l'ouverture transcrite, selon l'usage du temps, pour piano et violon, ou encore l'accompagnement de la deuxième partie du premier duo.

En tout, la partition comprend sept morceaux : 1° deux couplets de Rondonelli, assez insignifiants; 2° un air de Mina, qui rappelle certaines barcarolles d'Herold ou d'Auber; 3° un duo de Rondonelli et d'Haydn, écrit avec une certaine verve, la meilleure partie de l'ouvrage, celle qui présente la plus directe analogie avec *Les Maîtres Chanteurs de Nuremberg*, et qui va tout à l'heure fixer notre attention; 4° une invocation d'Haydn à la Muse, dont le tour mélodique semble aujourd'hui fort démodé; 5° un quatuor convenablement traité; 6° un duo d'Haydn et de Mina, interrompu par un chœur chanté dans la coulisse, et qu'Haydn reconnaît pour son œuvre; enfin, un court finale.

Tout cela forme une partitionnette dont le mérite est mince, mais dont l'élaboration avait dû causer de réels soucis à son auteur. Pour la première fois, il abordait l'Opéra-Comique. C'était un rêve longtemps caressé, et déjà, sans doute, il entrevoyait la renommée sourire à cet essai et lui promettre de nouveaux lauriers. En parlant de son œuvre, avant la première représentation, il avait, malgré ses cinquante-neuf ans, la joie naïve et la fierté d'un adolescent à sa première conquête. C'est ainsi

qu'il disait chez l'éditeur Lemoine devant
un témoin qui nous l'a raconté : « Mon fils
me tourmente ! Il veut se marier ; mais il
faut que mon *Élève* passe d'abord ! »

L'art avant la famille ! Le brave homme
prenait sa musique au sérieux et tressaillait
d'aise à la pensée qu'après Douai, Paris
enfin, le connaîtrait.

L'Élève de Presbourg fut, en effet, très
honorablement accueilli le 24 avril 1840.
Chose curieuse, la petite pièce accom-
pagnait sur l'affiche la *Vieille* de Fétis
et *Carline* d'Ambroise Thomas, deux ouvrages dont les auteurs auront occupé,
chacun dans son pays, une situation analogue, la place de directeur du Conser-
vatoire, le premier à Bruxelles, le second
à Paris.

Les rôles étaient confiés à Roger
(Haydn), Grignon (Rondonelli), Ricquier

(Kreisler), et Mlle Darcier (Mina), excellents chanteurs, grâce auxquels l'interprétation ne pouvait manquer d'être satisfaisante.

On ne saurait juger, d'après les recettes, la valeur d'un lever de rideau, soumis forcément à la fortune de la pièce principale qu'il accompagne ; mais le nombre des représentations obtenues peut servir à mesurer le succès. Or, tant à l'ancienne salle, place de la Bourse, qu'à la nouvelle, place Favart, *L'Élève de Presbourg* fut joué vingt-quatre fois, dans la même année, le plus souvent avec *L'Éclair*, avec *Le Pré aux Clercs*, avec *L'Opéra à la Cour*, pièce de circonstance à laquelle collaborèrent douze compositeurs dont quelques-uns n'avaient pas été consultés, puisqu'ils étaient morts, par exemple Dalayrac, Méhul et Weber ; l'avant-dernière fois avec *Joconde*, et la dernière (31

octobre) avec *Zanetta*, cette pièce d'Auber
qui devait servir à l'inauguration du nouvel
Opéra-Comique, et qui, au dernier moment,
avait cédé son tour au chef-d'œuvre
d'Herold.

Aujourd'hui, à peine est-il fait dans les dictionnaires une mention de Luce et de
L'Élève de Presbourg. L'auteur et l'œuvre
ont disparu, et l'une ne revivra pas plus
que l'autre ; mais, en relisant le duo d'Haydn
et de Rondonelli, on ne peut s'empêcher
d'évoquer le souvenir des *Maîtres Chanteurs de Nuremberg,* car c'est dans cette
scène que le rapprochement devient plus
précis. Haydn n'a pas, comme Walther,
l'indécision du génie qui s'ignore : il sait ce
qu'il vaut et ce qu'il veut. Mais ce type de
l'intrigant classique italien, avec ses bagues,
ses manchettes, ses jabots et ses vêtements
écarlates, Rondonelli, a plus d'un trait

commun avec Beckmesser. Il sait la musique et prétend la connaître mieux que son
rival ; aussi le traite-t-il avec quelque dédain, l'interrogeant et lui faisant passer
une sorte d'examen, ainsi qu'il arrive à
Walther.

Par exemple, il s'exprime ainsi :

> Voyons, je veux juger un peu,
> Mon ami, de votre science.

Et, comme Haydn répond modestement :

> Je suis bien loin, j'en fais l'aveu,
> De posséder votre science,

Rondonelli ajoute, d'abord à part :

> Combien je vais rire !
> Car le pauvre sire
> Ne m'entendra pas.

12

Et puis, tout haut :

> Or ça, mon cher,
> Que l'on m'écoute !
> Il est un air
> Que vous connaissez sans doute.
> Mon chef-d'œuvre, en un mot: c'est vous en dire
> Lui seul, il réunit l'exemple difficile   [assez.
> Et des règles et du bon style:
> Et nous verrons si vous les connaissez.

Ne semble-t-il pas qu'on touche là presque aux lois de la tablature, et qu'on aperçoit déjà le tableau noir où seront marquées les fautes du délinquant? Au surplus, le pédant chante son air et les corrections d'Haydn provoquent son impatience et sa rage. Il trépigne, comme Beckmesser à la fin du premier acte des *Maîtres Chanteurs*, et s'en va répétant:

> S'attaquer à mon génie !
> Critiquer mon harmonie !
> A cette audace infinie,
> Je ne pardonnerai pas ;

et la musique se trouve allumer ainsi la guerre entre les deux rivaux. De *Preislied* il n'est pas question à proprement parler, et cependant ne pourrait-on rappeler à ce sujet le grand air qui suit le duo; Walther invoque la nature et l'amour; Haydn invoque la mélodie : de part et d'autre, naissent ainsi, après le conflit brutal de deux intérêts, l'aspiration vers l'idéal, l'évocation du rêve, le libre essor du génie.

* * *

Certes nous ne prétendons point à l'honneur d'une insigne découverte, pour avoir retrouvé au fond d'une bibliothèque *L'Élève de Presbourg*. Mais il suffit d'un point de contact avec une œuvre de Wagner pour donner à l'ouvrage une importance que par lui-même il n'avait pas. Rien de ce qui touche aux grands hommes, en effet, n'est indifférent; leur vie et leurs œuvres deviennent l'objet de commentaires où s'exercent la patience et l'ingéniosité des critiques. C'est ainsi que la genèse des drames de Victor Hugo a servi de prétexte à plus d'une étude, et que, récemment, une cer-

taine conformité de situation entre un roman
du XVIIᵉ siècle et une comédie de Molière
a suffi pour fournir la matière d'un long
et curieux travail.

Somme toute, entre *L'Élève de Presbourg*
et *Les Maîtres Chanteurs de Nuremberg*, il
y a naturellement l'abîme qui sépare une
bluette oubliée d'un chef-d'œuvre consacré.
Il n'en reste pas moins ce fait singulier,
c'est qu'on peut, et nous l'avons montré
au début de cet article, se servir des mêmes
termes pour résumer le scenario des deux
ouvrages !

De là, il ne faudrait pas conclure au
moindre plagiat. Mais peut-être est-il permis
de supposer qu'un vague souvenir de cet
opuscule pouvait flotter dans l'esprit de
Wagner, quand il mit son opéra sur le
chantier. Il voulait, il l'a dit, faire une
contre-partie comique de *Tannhäuser ;* il

avait besoin d'une intrigue dont le fil, si
léger qu'il fût, reliât les divers épisodes de
cette satire dramatisée. Peut-être alors
s'est-il rappelé, sans chercher même à en
préciser l'origine, cette rivalité de deux
artistes et cette variante nouvelle de la
fable du geai paré des plumes du paon. Qui
sait donc, à propos des *Maîtres Chanteurs*,
si, fortuitement, *L'Élève de Presbourg* n'a pas
fourni le point de départ de l'action, comme
le *Hans Sachs* de Deinhardtstein et de
Lortzing fournissait le cadre du tableau ?

L'hypothèse est assez séduisante pour
mériter qu'on la présente ici, car elle n'a
rien en soi que de très vraisemblable.
Volontaires ou non, ces emprunts se retrouvent dans l'œuvre des plus grands artistes
et n'en diminuent guère la valeur, surtout
aux yeux de la postérité. Mais, en pareil
cas, on doit, à force de maîtrise et de

talent, faire véritablement sienne la chose
empruntée, et donner à l'imitation une valeur telle que nul ne soit plus tenté de
jamais songer au modèle primitif. C'est ce
qu'à Bayreuth, devant un ami qui nous l'a
rapporté, Wagner traduisait un jour par
cette formule énergique: « Quand on vole,
il faut tuer ! »

L'histoire abonde en « meurtres » de ce
genre, et l'on sait, par exemple, comment,
dans sa préface de *Tarare*, Beaumarchais
s'est défendu d'avoir tiré le sujet de son
opéra d'un conte publié dans *Le Cabinet
des Fées* :

« Depuis que l'ouvrage est fini, j'ai trouvé
dans un conte arabe quelques situations
qui se rapprochent de *Tarare;* elles m'ont
rappelé qu'autrefois j'avais entendu lire ce
conte à la campagne. Heureux, disais-je en
le feuilletant de nouveau, d'avoir eu si

faible mémoire! Ce qui m'est resté du conte
a son prix; le reste est impraticable. Si le
lecteur fait comme moi, s'il a la patience
de lire le volume III des *Génies,* il verra
ce qui m'appartient, ce que je dois au conte
arabe, *comment le souvenir confus d'un objet qui nous a frappés se fertilise dans l'esprit, peut fermenter dans la mémoire, sans
qu'on en soit même averti.* »

Voilà probablement la réponse que Wagner aurait faite, si on lui avait parlé de
L'Élève de Presbourg à propos des *Maîtres
Chanteurs.* Nul n'est en effet à l'abri de ces
vagues et lointaines réminiscences. L'œuvre
d'art ne naît pas tout d'une pièce dans le
cerveau de son auteur; elle résulte d'efforts
multiples, d'influences diverses, et, quelque-
fois, créer n'est que se souvenir.

WAGNER ET MEYERBEER

WAGNER ET MEYERBEER

Depuis le 15 septembre 1891, les noms
de Meyerbeer et de Wagner se trouvent,
pour la deuxième fois en l'espace de trente
ans, réunis sur les affiches de l'Opéra de
Paris. Aujourd'hui, comme en 1861, *Les
Huguenots* et *Le Prophète* y occupent leur
poste accoutumé et comptent encore une
troupe nombreuse de partisans, mais *Lohengrin* y a remplacé *Tannhäuser* et rencontre un tout autre accueil que son

frère aîné. La faveur succède à l'opposition, l'engouement au dédain, et tandis
que le théâtre fête le centième anniver-
saire d'un maître qui l'a illustré par ses
chefs-d'œuvre, un autre maître revient et
semble devoir, lui aussi, pour longtemps,
triompher sur cette scène dont l'igno-
rance et l'intrigue l'avaient jadis injuste-
ment chassé.

Le rapprochement de ces deux noms
éveille tout naturellement l'idée d'un pa-
rallèle; l'heure paraît donc assez favorable
pour montrer non pas la place, aujourd'hui
connue, que les deux musiciens occupent
dans l'histoire de l'art, mais celle qu'ils
occupaient dans leur estime réciproque,
autrement dit, non pas comment on les
juge, mais comment ils se jugeaient eux-
mêmes.

Les biographes n'ont jamais clairement

défini leurs rapports d'amitié. Tous tiennent
à peu près le même langage, se répètent
et, faute de documents précis, se bornent
à des suppositions plus ou moins vraisem-
blables. Par exemple, on sait que Wagner
sollicita la protection de Meyerbeer lors de
son premier voyage à Paris en 1839, et
que, grâce à lui, il obtint de l'éditeur
Schlesinger la commande de certains travaux littéraires et musicaux qui l'aidèrent
à vivre, ou du moins à soulager sa misère,
en ce temps de durs labeurs et de détresse
matérielle et morale. On suppose volontiers, d'ailleurs sans preuves, que Meyerbeer l'aida de sa bourse; en revanche, on
ignore assez généralement qu'il s'entremit
auprès du comte de Redern pour faire représenter à Dresde *Rienzi,* et à Berlin *Le
Vaisseau Fantôme,* ainsi que nous le prou-
verons par la suite. Plus tard, on constate

que le protégé paya son protecteur par la
plus noire ingratitude en publiant sa fa-
meuse brochure sur *Le Judaïsme en musique*, et là se bornent à peu près ces renseignements sommaires qui ne permettent
pas de mesurer quel degré d'intimité unis-
sait les deux grands hommes, ni de savoir quelles circonstances ont fait naître
un jour entre eux l'indifférence et même
l'hostilité.

En ces matières délicates, le temps se
charge le plus souvent de répondre aux
questions des curieux ; lui seul ouvre les
portefeuilles que leurs possesseurs tenaient
soigneusement fermés. Des lettres et des
écrits se découvrent alors, qu'on croyait
disparus ou dont on ignorait l'existence.
Donc, il y a quelques années, plusieurs
ventes faites à Berlin ont jeté dans la cir-
culation un certain nombre de ces pièces

autographes, émanant de Wagner lui-
même. Nous les avons notées au passage, et leur groupement raisonné suffit
à éclairer d'un jour nouveau certains
points de sa vie et de ses opinions.
Ces papiers, passés maintenant dans les
mains de divers collectionneurs allemands,
n'ont guère été connus en France, et nous
les traduisons pour la première fois, mot
à mot, préférant l'exactitude à l'élégance,
respectant le tour parfois bizarre et souvent compliqué des phrases, afin de rendre
aussi fidèlement que possible la pensée de
l'auteur.

*
*   *

Soit par nécessité, soit par goût, Wagner
a beaucoup écrit. Trois gros volumes parus
déjà ne donnent qu'une faible idée des relations épistolaires qu'il entretenait un peu
partout. On connaît plus de trois cents lettres
adressées par lui à Liszt, quatre-vingt-douze
à Théodor Uhlig, cinquante-neuf à Wil-
helm Fischer, vingt-six à Ferdinand Heine.
Et Kittl, et Friedrich Schmitt, et tant d'autres, ont reçu des centaines de pages tracées
par sa main qui, vu la longueur fréquente
des missives, semblait ne se lasser jamais.
Meyerbeer fut au nombre de ses corres-
pondants, et plus tôt même qu'on ne l'ad-

met généralement. En effet, nous trouvons
dès 1837, époque où Wagner, âgé de
vingt-quatre ans, habitait Kœnigsberg,
une lettre, la première sans doute qu'il dut
adresser à l'auteur des *Huguenots*. Le
brouillon de cette épître qui comprend
deux pages in-folio avec cent vingt-quatre
lignes de texte, porte la suscription suivante :

A monsieur Meierbeer, (sic)
Compositeur et chevalier de la Légion
d'honneur, à Paris.

et commence ainsi :

«Puissiez-vous ne pas être surpris, ni
importuné de recevoir une lettre venue

14

d'un pays si lointain et écrite par un homme si évidemment inconnu de vous!»

Suit l'énumération de ses travaux qui l'ont amené à solliciter l'avis de Meyer-beer, et, avouant qu'il voudrait bien aller à Paris, il ajoute :

« J'ai envoyé à M. Scribe la partition de mon opéra, *La Défense d'aimer*, avec prière de vous la soumettre. J'attends tout de votre jugement. »

Nous avons là un Wagner jeune, humble, plein d'une déférence toute naturelle pour le maître dont il implore l'assistance et qui touchait alors au faîte de la renommée, tandis que lui, il entrait à peine dans la

carrière. Meyerbeer répondit sans doute
par des paroles encourageantes ; près de
deux ans se passent, et le chef d'orchestre
de Riga débarque à Paris au printemps
de 1839.

Tout d'abord il cherche à s'attirer les
bonnes grâces du compositeur tout puis-
sant ; il lui soumet ses travaux, notamment
Rienzi et *Le Vaisseau Fantôme*, et il se re-
commande de lui, toujours respectueux et
modeste, comme le prouve le brouillon
d'une lettre au comte de Redern, inten-
dant du théâtre royal de Berlin, lettre
dans laquelle il sollicite la réception de
son ouvrage, *Le Hollandais volant* (autrement dit *Le Vaisseau fantôme*), dont il lui
envoie la partition. Ce fragment date de
1840, année où l'ouvrage en question
fut composé, en l'espace de six semaines,
dit-on.

« ...Cette requête, je vous l'adresse
avec une timidité que rend bien naturelle
la situation où les circonstances m'ont
placé; je veux croire cependant que nous
et nos travaux ne sont pas absolument
inconnus de Votre Excellence. Pour re-
médier en quelque sorte à cet incon-
vénient j'avais pris dans ma lettre précédente la liberté de demander à Votre
Excellence de vouloir bien se renseigner
auprès de M. Meyerbeer, de qui j'ai le
bonheur d'être mieux connu. Il ne me
reste plus qu'à renouveler ici ma prière,
et, si Votre Excellence ne se contente
pas de cette seule garantie, je lui ferai
remarquer qu'en ce moment la direction
du théâtre de Dresde se prépare à monter
mon grand opéra en cinq actes, intitulé
Rienzi... »

Le reste de la lettre a été biffé.

Vers le même temps, car il est question de l'*Ouverture de Faust*, achevée à Paris en 1840, Wagner écrit à Meyerbeer une lettre d'une centaine de lignes, déjà plus familière, aussi respectueuse, mais moins gênée, où se rencontrent des témoignages plus visibles d'intimité, voire même quelques traits humoristiques témoignant à tout le moins de relations fréquentes et affectueuses. On y trouve des phrases comme celles-ci :

« ...Vous, mon cher maître, qui êtes la bonté et bienveillance mêmes...

« ...Vous, le maître vénéré de tous les sons!...

« ...Je n'attends en ce monde aucune aide que de vous...»

Il dit qu'il a composé l'*Ouverture de Faust* « dans la torture des angoisses morales et des maux de dents. » Il ajoute enfin :

« ...Quand Meyerbeer a quitté Paris, un temps de souffrances a commencé pour moi, tel que, si je devenais célèbre, ce dont je ne doute pas, un grand poète emploierait de vingt-quatre à quarante-huit strophes pour les chanter... »

Au ton de cette lettre, on devine que Meyerbeer avait encouragé son jeune compatriote et lui avait donné le droit, non seulement de le venir voir, mais encore de correspondre avec lui quand il s'absentait de Paris. Dans son musée wagnérien de Vienne, M. Œsterlein possède deux brouillons de lettre qui justifient pleinement cette supposition.

L'une, datée de 1841, commence ainsi :

« Très vénéré maître, voilà si longtemps que je vous importune et certainement vous ennuie avec mes lettres détaillées et fatigantes.. »

L'autre, un simple billet de neuf lignes, remontant à la même époque, ou à peine un peu plus tard, contient cette phrase significative:

« Ne m'oubliez pas et recevez mes remerciements les plus chaleureux pour les inappréciables services que me rend votre amitié... »

Comme on le voit, il y a de part et d'autre échange évident de bons offices et d'aimables propos. La cordialité est sinon dans le cœur, au moins sur les lèvres, autrement dit sous la plume. Elle se traduit même du côté de Meyerbeer par des faits, ainsi que le témoigne la lettre suivante :

Monsieur et très honoré maître,

Deux mots de vous m'ont encore une fois réconcilié heureusement et complètement avec le destin. Ce scélérat de chef de la *Gazette musicale* vous ayant entraîné à Bade, j'avais été séduit par l'idée de vous adresser là une humble prière, lorsque justement il m'a montré le post-scriptum de la dernière lettre que vous lui envoyiez et où vous disiez, ce qui me causait une profonde émotion, que vous pensiez toujours à moi pour me protéger. Oh! si vous saviez quel immense service vous me rendriez ainsi; si vous pouviez sentir vers quelle reconnaissance infinie vous m'avez poussé par ce témoignage si simple et si flatteur de votre intérêt pour moi: je ne puis que vous dire éternellement: merci! merci!

Ces lignes bienheureuses ont produit en moi et autour de moi une vraie révolution. Moi, pauvre fou qui travaille toujours en vue de l'avenir, mais qui dans le présent n'entends et ne vois rien, qui par cela même existe à peine, j'étais dans ma chambrette, près de ma pauvre femme, tout occupée de moi et des soins extérieurs, et je considérais les résultats de l'été que je viens de passer, ou plutôt de subir. Ces résultats, un livret stupide et un fragment passable de partition étaient là, devant moi, et semblaient me demander ce qu'ils allaient

15

devenir, ce qu'il allait leur arriver. Rien ne m'effrayait plus que d'en faire un paquet et de l'adresser avec une humble lettre à M. le comte de Redern; je savais que tout cela pourrirait là-bas, et cependant rien ne me semblait meilleur à faire. L'Évangile s'est ouvert devant moi, lorsque votre noble main a écrit: « Je tâcherai de l'obtenir du comte de Redern.» Je vous supplie donc instamment, mon très honoré maître, de prêter l'oreille à l'idée qui me vient à ce sujet...

(Fin de la lettre.) Que Dieu vous donne la joie pour chaque jour de votre belle vie et épargne à vos yeux le sombre chagrin; c'est le vœu sincère que je forme.

Votre bien sincère élève et serviteur.

Sans prendre trop au sérieux les termes
« d'élève et serviteur » il est clair que le ton
général se maintient dans une gamme respectueuse et reconnaissante. Meyerbeer
avait, en effet, obtenu gain de cause en
plaidant pour son jeune ami, et certaine
autre lettre le constate indubitablement:
c'est un brouillon de deux pages in-octavo
qui se classe vers la même époque et se
rapporte évidemment au même ordre de
faits. Wagner y constate que son *Rienzi* a
été reçu à Dresde, grâce à l'intervention
de Meyerbeer qu'il appelle son « très
profondément honoré maître », et il le
supplie de s'intéresser encore à lui, afin
d'obtenir du comte de Redern la représentation du *Vaisseau Fantôme* à Berlin.
Il ajoute:

«...J'espère pouvoir saluer de nouveau et bientôt mon seigneur et maître vénéré: j'aspire à ce plaisir comme à un véritable baume. »

Et il signe « votre éternellement fidèle ».

* * *

Nous arrivons à l'année 1842, année d'espérance et de joie, où il retourne en Allemagne, où il assiste enfin à la représentation de *Rienzi*, où il entend le bruit des applaudissements saluer pour la première fois un de ses ouvrages dramatiques. Il n'est déjà plus le petit musicien en quête

de protection, et, s'il lutte encore pour la
vie, il lutte en compositeur qui suit son
inspiration et se refuse aux obscures besognes qu'on lui avait confiées jusque-là.
Il va être chef d'orchestre à l'Opéra Royal
de Dresde; il a écrit non seulement *Rienzi*,
mais *Le Vaisseau Fantôme* et déjà il s'occupe
de *Tannhäuser*. Il est un personnage; il
compte, et, lorsqu'en traversant Leipzig, il
a rendu visite à Mendelssohn, celui-ci n'a
pu s'empêcher de s'écrier ensuite devant
Servais qui assistait à l'entretien et qui l'a
raconté depuis: « Oh! ce Wagner, c'est un
original, mais qui fera parler de lui.»

L'idée lui vient alors, en attendant qu'on
parle de lui, de parler de Meyerbeer, d'ap-
précier son mérite, de rendre hommage à
son talent, peut-être avec la louable pensée
de reconnaître ainsi les services rendus et
d'honorer celui qui l'avait protégé. Il écrit

donc un article assez développé, car le
manuscrit de cinq pages contient *trois cent
deux* grandes lignes, et il traite son sujet *ex
professo*, parlant moins humblement qu'il ne
l'eût fait jadis, mais s'exprimant avec plus
d'indépendance. L'article n'a jamais paru.
Pour quelles causes? on l'ignore. A quel
journal était-il destiné? on l'ignore également: mais l'écriture permet du moins d'en
fixer la date à l'année 1842. Si ce morceau
paraît d'amples proportions et de style un
péu bizarre, il abonde en remarques ingé-
nieuses, et, puisqu'il n'a jamais été traduit,
nous croyons qu'il peut offrir au lecteur un
véritable intérêt:

« L'apparition de la musique de Meyerbeer, surtout dans sa dernière œuvre, *les
Huguenots*, a pris une consistance si solide

et une importance si grandissante, qu'il
convient de lui assigner enfin sa véritable
place dans l'histoire de la musique. Essayons
donc ici de classer au point de vue historique le rejeton qui vient de naître. En
étudiant Meyerbeer, nous devons involontairement nous souvenir de Hændel et de
Gluck, tant à cause de leurs tendances que
de leur cosmopolitisme; il semble même
qu'il faille noter ici un côté fondamental
rappelant la direction d'esprit et la culture
intellectuelle de Mozart. Avant tout, il ne
faut pas perdre de vue que ceux-là étaient
Allemands, comme l'est celui-ci; c'est dans
le triste état d'une Allemagne dénationa-
lisée qu'on trouve la raison des destinées,
des relations, des courants extérieurs de
toutes les productions artistiques, qui se
combinent tant avec leurs propriétés inté-
rieures. Toutes récentes et toutes fraîches

sont encore les victoires qui ont élevé le
nom de Meyerbeer à l'une des places les
plus brillantes du ciel musical, et déjà elles
ont traversé et conquis le monde civilisé;
elles ont, là même où elles ne rencontraient
encore aucun terrain civilisé, aplani le sol
pour permettre d'y bâtir un temple où l'on
fêterait pour la première fois l'art divin que
ces victoires célèbrent.

« Grâce à une excellente éducation et à
une culture scientifique et artistique habile-
ment orientée dans toutes les directions,
Meyerbeer, mis de bonne heure en état de
se sentir maître dans la partie technique
de son art, apprit plus tôt et plus sévère-
ment que d'autres, à reconnaître ce que la
mère patrie lui refusait et ce qu'il avait
à acquérir d'autres côtés pour pouvoir
vivre dans la pleine jouissance de son art.
Au temps de sa première jeunesse, il avait

déjà vu l'Italie, il l'avait *entendue*. Son goût musical avait bien saisi la beauté de formes qui, malgré les tendances trop matérielles dont elles sont redevables à l'Italie moderne, ne laissent deviner un sens vraiment artistique nulle part ailleurs avec plus d'exubérance que dans cet heureux pays.

« Le courant singulièrement caractéristique de l'Allemagne exerçait aussi son action sur Meyerbeer. Cette sorte de dualisme enchaînait son génie, et l'on doit admettre qu'il touchait à ce point où beaucoup vont se perdre ; mais Meyerbeer était si Allemand qu'il ne tarda pas à s'engager dans la voie de ses ancêtres allemands. Ceux-ci le poussaient au delà des Alpes avec cette pleine force des gens du Nord avides de conquérir la belle Italie. Meyerbeer se rendit donc en Italie, il enivra de ses accents les voluptueux en-

16

fants du Midi, et ce fut là sa première victoire. N'était-ce pas un sujet de fierté, non
seulement de faire sien le beau étranger,
mais encore de le perfectionner assez pour
pouvoir amener à s'enréjouir ceux de qui on
l'empruntait ? Un tel résultat pourtant ne
suffisait pas encore au génie allemand;
dans cette victoire il ne voyait qu'une oc-
casion de s'instruire encore. Alors les
nuages flottants et vagues de spiritua-
lisme se sont façonnés aux formes d'une
application belle et ardente; le sang allemand, un sang pur et chaste, coule en ses
veines ; la « performance » de l'homme est
achevée et irréprochable ; il peut maintenant créer et travailler pour l'éternité.

« Là encore, Meyerbeer ne s'est pas
arrêté, il ne s'est pas reposé commodément
à l'ombre de sa gloire : c'est ce qui lui a
permis d'atteindre la perfection.

« Maintenant, c'était Meyerbeer qui élar-
gissait cette manière et l'élevait à la hauteur d'un style classique et valable pour
tous. Des rythmes usuels et populaires, il a
conduit le style moderne à un genre plein
de grandeur et de simplicité, qui possède
cet avantage infini d'avoir sa base dans le
cœur et les oreilles du peuple, et ne flotte
pas dans l'air au hasard, sans rime ni raison,
comme l'invention raffinée d'un cerveau
toujours en quête d'inédit.

« Sur le nouveau terrain où il s'établis-
sait, Meyerbeer a choisi en excellent tacti-
cien, les sujets de ses œuvres : ici, un
conte populaire qui vit dans la bouche du
peuple, là, une page émotionnante de son
histoire. Si nous admettons qu'un élan national est indispensable aux grandes œuvres d'art, Meyerbeer devait emprunter
cette impulsion à la nationalité du peuple

qui, dans cette période, jouissait de la sym-
pathie la plus élevée dans le monde entier.
Et ce que Meyerbeer bâtissait sur ce fond
était non pas un hommage à la fierté nationale, mais l'élévation de cette fierté nationale jusqu'au sentiment de l'Universalité.

« Meyerbeer a écrit l'histoire du monde,
l'histoire du cœur et des impressions; il a
brisé les barrières des préjugés nationaux,
détruit les bornes qui resserraient le langage, écrit les exploits de la musique, la
musique telle que la pratiquaient Hændel,
Gluck et Mozart; ceux-là étaient des
Allemands, et Meyerbeer aussi est un
Allemand.

« Il a gardé son héritage allemand, la
naïveté de l'impression, la chasteté de l'impression. Ces réserves pudiques d'une
àme profondément sensible sont la poésie,
le génie de Meyerbeer; il a une conscience

irréprochable, une amabilité qui éclaire de
ses purs rayons les productions les plus
gigantesques, les inventions souvent même
les plus raffinées, et qui se laisse deviner
plutôt qu'elle ne permet de reconnaître la
source profonde d'où ont jailli ces vagues
imposantes d'une mer royale.

« Le besoin violent d'épanchements re-
.ligieux dans les œuvres de Meyerbeer ne
jette-t-il pas un jour étonnant sur les pro-
fondeurs de la nature intime du maître?
N'est-ce pas là un·trait qui justement rappelle à notre mémoire sa naissance alle-
mande?

« Il n'est plus nécessaire d'écrire des
messes et des oratorios longs, savants et
conformes au rituel; nous avons appris
par ce *fils de l'Allemagne* comment au
théâtre la religion peut être prêchée, lorsqu'au milieu de tant de magnificence et de

passion subsiste un sentiment aussi noble, aussi simple, aussi virginal que celui de Meyerbeer, et qui est la source même de ces créations enivrantes.

« En France, le Rossinisme prit une physionomie spéciale et revêtit, grâce à la vitalité nationale, une belle apparence. Nous avons déjà mentionné à quelle hauteur la France s'était élevée pendant cette période ; il suffit d'ajouter, pour être complet, que, grâce à Meyerbeer, elle a atteint le plus haut point et pris une importance universelle.

« A l'appui de cette opinion viennent se joindre les caractères antérieurs de la musique de Meyerbeer ; le style qui laisse voir au début l'influence des diverses écoles, a conquis une noble et idéale personnalité, exempte des faiblesses de certaines *manières* et, pourtant, réunissant leurs avan-

tages. La gigantesque et déjà presque
étouffante expansion des formes a pris les
proportions les plus fines et les plus heu-
reuses; c'est là même un point où la
maîtrise de Meyerbeer apparaît de la façon
la plus frappante; cette circonspection, ce
sang-froid dans l'arrangement et la disposition caractérisent avant tout Meyerbeer et
lui permettent d'arriver à ce degré où les
masses, qui abondent dans ses ouvrages,
sont clairement ordonnées et bien disposées
pour la vue. Par exemple, je citerai avant
tout la plus grande chose qui ait été faite
dans cet ordre d'idées, la célèbre scène de
la Bénédiction des poignards, au quatrième
acte des *Huguenots*. Qui ne reste émerveillé
de l'ordonnance et de la conduite de ce
travail de géant? Comment est-il possible
au compositeur, après l'extension surpre-
nante d'un tel morceau, de s'arrêter dans.

cette marche ascendante qui jamais ne
faiblit et atteint en quelque sorte l'idéal
du *Fanatisme!*

« Voyez pourtant la sobriété des moyens
qu'emploie Meyerbeer pour obtenir ce résultat. Combien clair et simple, plein de
distinction et de véritable valeur est le
thème principal avec lequel il commence et
termine son morceau ! Avec quelle pru-
dence et quelle convenance le maître fait
grossir le torrent qu'il ne laisse point perdre en un tourbillon confus, mais qu'il mène
à une mer imposante ! — En ce sens on
ne peut plus rien concevoir de plus élevé.
Nous comprenons que le point culminant,
dans toute l'acception du mot, a été atteint
et, de même que le plus grand génie écla-
terait s'il voulait, dans l'ordre d'idées de
Beethoven, non pas même enchérir sur sa
dernière symphonie mais seulement essayer

de partir de là pour aller plus loin, de même il paraît impossible que, dans cet ordre d'idées où Meyerbeer a touché la limite extrême, on veuille encore s'avancer au delà.

Il nous faut nous arrêter à l'opinion que cette dernière époque de la musique dramatique s'est fermée avec Meyerbeer, et qu'après lui comme après Hændel, Gluck, Mozart et Beethoven, l'idéal pour cette période doit être considéré comme atteint et impossible à dépàsser ; mais aussi que, dans sa puissance infatigable de création, le temps apportera une nouvelle direction qui permettra de faire ce que ces héros ont fait. Toutefois, *celui-là* vit encore, il est en pleine force ; donc ne préjugeons rien et attendons ce que son génie peut encore enfanter de nouveau. »

* * *

Nous laissons à d'autres le soin de commenter longuement ce curieux article ; mais,
à travers les images un peu outrées de ce
style pénible et alambiqué, comment ne pas
admirer (au sens du mot latin) le jugement
porté sur son illustre confrère, et surtout
les raisons sur lesquelles il étaye ce jugement ? Par deux fois même il chante les
louanges de cette France, où il n'avait pas
trouvé la fortune, et il rend justice à son
goût artistique, sans oublier l'Italie qui n'a
jamais accueilli même *Don Juan*, et en
l'honneur de laquelle il tourne un compli-
ment digne de remarqué. A la différence

de Mendelssohn que choquaient les chants
passionnés de Valentine et de Raoul dans
Les Huguenots ou les danses voluptueuses
des nonnes dans *Robert le Diable,* il découvre chez Meyerbeer « un sentiment virginal. » Non seulement le cosmopolitisme,
tant reproché depuis à l'auteur du *Crociato*
et de *L'Africaine,* ne l'effraye pas, mais
encore il lui attribue la vertu d'un bain
salutaire où le compositeur a retrempé
ses forces.

Il feint de ne pas apercevoir son manque
d'unité et découvre « une flamme inté-
rieure, » un côté subjectif et pénétrant qui
le ravit d'aise. Il ne ménage pas les éloges
puisqu'il va jusqu'à parler de « perfection »
atteinte, et il apprécie avec autant de
justesse que de chaleur, *La Bénédiction des
poignards.* Un moment il semble attribuer
au génie de Meyerbeer un caractère

« d'universalité » qui l'émerveille ; mais,
d'autre part, il le félicite d'être et de rester
quand même, un véritable allemand (echt
deutsch.)

Somme toute, c'est presque un hymne
à la gloire de la patrie, retrouvée après
l'absence, et, malgré « l'indifférence » qu'elle
continue de montrer pour l'art de ses
enfants, toujours digne de leur amour.
Sans aller jusqu'à soutenir que Wagner
pense à l'unité germanique, il est certain
que le début de l'article éveille des idées
de « particularisme » assez naturelles chez
celui qui devait en 1876 s'écrier après la
représentation de *la Tétralogie* : « Enfin
nous avons un art national ! », et dans
« ce temple où l'on fêterait l'art divin » on
croit voir le théâtre de Bayreuth qui s'ou-
vrira un jour aux chants mystiques de
Parsifal.

Devant cette sorte de chauvinisme artistique, quelle attitude devait prendre Meyerbeer ? On ne le sait pas exactement, parce que nulle de ses lettres à Wagner ne s'est retrouvée ou du moins n'a été livrée à la publicité. Mais une conversation rapportée par Blaze de Bury jette au moins quelque lumière sur cette obscure question.

On lit, en effet, à la page 215 du livre intitulé *Meyerbeer et son temps* :

« Un seul nom avait le privilège d'agacer Meyerbeer, celui de M. Richard Wagner. Il ne pouvait l'entendre prononcer sans éprouver à l'instant une sensation désagréable que, du reste, il ne se donnait pas la peine de cacher, lui, d'ordinaire si discret, si ingénieux à signaler au microscope les moindres qualités de chacun.

« Il avait trop à cœur le culte de l'autorité des maîtres pour ne pas détester ces
théories tapageuses, imaginées pour servir
d'enseigne, ces absurdités délibérément
émises et qui figurent là comme un casque
sur la tête du marchand de crayons, uniquement dans le but d'attirer le public. »

Et, comme un jour on parlait de ce
Wagner que Blaze de Bury, sur la foi
d'illustres critiques, représentait comme « un
homme, après tout, *qui sait son affaire* » :

— « En êtes-vous bien sûr qu'il sache
son affaire ? murmura Meyerbeer avec
malice.

— Dame ! je le supposais.

— Qui vous l'a dit ?

— Un tel, répondis-je, en citant le nom
d'un compositeur d'outre-Rhin dont les aimables partitions courent depuis quelque
temps l'Europe.

— Ah ! c'est un tel qui vous l'a dit, con-
tinua Meyerbeer avec une expression de
visage où la plus fine ironie se mêlait à
l'imperturbable autorité du maître. Et per-
mettez-moi de vous le demander, en êtes-
vous donc bien certain qu'il la sache, lui
aussi, son affaire ? »

*   *
*

Ces propos semblent étonnants dans la
bouche de Meyerbeer, qui, pour la pru-
dence et la bienveillance apparente, aurait
rendu des points à un diplomate de profession ; cependant on peut les tenir pour
exacts à cause de l'intimité réelle qui

existait entre les deux amis et autorisait
semblables confidences. Il est probable au
reste que Wagner n'en eut jamais connaissance ; mais sa finesse lui permettait d'en
deviner l'esprit, au cours des entretiens
qu'il eut certainement avec son ancien protecteur, soit pendant son séjour à Paris,
soit après.

En effet, s'il ne communiqua pas à Meyerbeer le grand article qu'il avait composé à
son sujet, il lui en exposa plus d'une fois
les principes, car il disputait volontiers des
choses d'art et de l'esthétique avec les
maîtres d'alors, et il ne faisait pas grâce de
ses théories même à Rossini, lequel répon-
dait ironiquement jusqu'au jour où, fran-
chement obsédé, il finit par le mettre
presque à la porte, ainsi que nous l'a
rapporté un ami qui le tenait de Rossini
lui-même.

Tout porte à croire que jamais explica-
tions violentes n'eurent lieu entre l'auteur
des *Huguenots* et celui de *Tannhäuser*.
Leur amitié ne prit pas fin brusquement;
elle se changea en indifférence avant d'a-
boutir à l'hostilité. Peut-être Meyerbeer ne
voyait-il pas sans une secrète jalousie gran-
dir ce rival dont il avait aidé les premiers
pas; peut-être aussi Wagner, le pressen-
tant, s'en offensa-t-il. Une telle supposition
ne semble pas nécessaire pour expliquer
les faits. La fin du .long article cité plus
haut montre quelle ambition nourrissait le
jeune Allemand. Il observait que dans la
voie suivie par Meyerbeer on ne pouvait
plus marcher à deux de front; il reconnaissait
l'impérieuse nécessité de trouver autre
chose parce qu'il devenait impossible d'aller
« au-delà. » De 1842 à 1849, il essaya,
avec une ardeur toujours décroissante, de

gagner son ancien « maître » à sa cause et
de l'entraîner vers d'autres horizons. *Le
Prophète* vint démontrer le respect de l'ancienne esthétique et la fidélité aux vieux
principes; dès lors le polémiste reparut et
ne ménagea point son adversaire. Ils s'é-
taient détachés l'un de l'autre, parce qu'ils
ne se comprenaient plus.

L'année suivante, Wagner publiait dans
la *Neue Zeitschrift für Musik* (3 et 6 septembre 1850) sous le titre du *Judaïsme en
musique*, deux articles destinés à former en
grande partie la brochure de ce nom qui
fit tant de bruit lorsqu'elle parut en 1869,
après la mort de Meyerbeer. L'auteur s'ex-
cusait bien de la liberté grande qu'il prenait de frapper celui qu'il avait aimé; mais
il mettait sur le compte de la vérité artistique la dure nécessité où il se trouvait de briser l'idole aux pieds d'argile.

Notre travail serait incomplet si nous n'extrayions de ce pamphlet le fragment relatif à Meyerbeer, fragment d'une ironie parfois énigmatique et dont les contradictions avec les jugements cités plus haut sautent aux yeux :

«Un artiste musicien de race juive, dont la gloire s'est répandue au loin de nos jours, a écrit ses œuvres en vue de cette partie du public chez lequel le goût musical n'a plus besoin d'être gâté, mais qu'on peut déjà exploiter. Aujourd'hui le public de l'Opéra a depuis longtemps oublié de demander à l'art dramatique ce qu'on doit naturellement lui demander. Les théâtres ne sont fréquentés que par cette partie de la société bourgeoise, qui ne varie ses occupations que pour échapper à *l'ennui*; mais ce n'est pas la puissance de l'art qui peut guérir l'homme malade par ennui; il est réellement incurable; on ne peut que *le tromper sur sa maladie* en lui présentant un autre genre d'ennui.

«Le célèbre compositeur d'opéras auquel nous avons déjà fait allusion s'est chargé de procurer au public ce remède illusoire. Il serait superflu d'entrer dans un examen approfondi des moyens artistiques dont se sert avec profusion cet artiste pour parvenir à son but; il suffira de savoir qu'il s'entend parfaitement à tromper le public, — ses succès en sont la preuve; — il réussit surtout à faire accepter par ses auditeurs ennuyés ce jargon que nous avons déjà caractérisé, comme une expression moderne et piquante de toutes les trivialités qu'on leur a déjà tant de fois récitées dans leur absurdité primitive. On ne s'étonnera

pas que ce compositeur prenne également
soin d'amener dans ses œuvres ces grandes
catastrophes de l'âme qui remuent si profondément l'auditeur, car on sait combien
de personnes en proie à l'ennui recherchent
de pareilles émotions. Quiconque réfléchit
aux raisons qui assurent le succès dans de
telles circonstances, ne sera pas surpris
de voir que cet artiste réussit complètement.

«La faculté de tromper est si grande
chez cet artiste qu'il se trompe lui-même,
et peut-être le sent-il aussi bien par rapport
à lui-même que par rapport au public.
Nous croyons, en effet, qu'il voudrait bien
créer des œuvres d'art et qu'il sait qu'il
n'est pas en état de le faire: pour sortir de
ce pénible conflit entre sa volonté et sa
faculté, il compose des opéras pour Paris
et les fait exécuter dans les autres pays, —

ce qui est, de nos jours, le moyen
le plus sûr d'acquérir la gloire d'artiste
sans être artiste. Quand nous le voyons
ainsi accablé par la peine qu'il se donne
pour se tromper lui-même, il nous apparaît comme un personnage tragique, mais
il y a chez lui trop d'intérêt personnel
en jeu pour qu'il ne s'y mêle pas beaucoup de comique: d'ailleurs le judaïsme
qui règne dans les arts, et que le compositeur représente dans la musique, se
distingue partout par son impuissance de
nous émouvoir et par le ridicule qui lui
est inhérent. »

De ces rivalités, de ces querelles in-
times dont *Le Judaïsme en musique* demeure en quelque sorte, le témoignage
officiel, que reste-t-il aujourd'hui ? A peine

le souvenir. Certes Wagner eût été plus
digne s'il avait gardé pour lui son mécon-
tentement ou son dépit. Mais le temps,
en apaisant les colères, diminue, par un
effet de recul, l'importance des faits parti-
culiers au profit des idées générales; l'ensemble absorbe les détails. Weber a pu
déclarer qu'après la symphonie en *la*,
Beethoven était « mûr pour les petites mai-
sons »; il n'en reste pas moins un maître
admirable, et l'on ne lui tient plus rigueur
de sa boutade.

Les hommes disparaissent, les œuvres
restent, celles du moins qui sont bonnes,
et ces dernières sont assez rares pour
qu'on ne songe point sans cesse à les
sacrifier ou à les opposer les unes aux
autres. Cette règle s'applique à Meyerbeer
et à Wagner. De leur vivant, les deux
compositeurs ont pu ne pas s'entendre;

néanmoins les deux noms peuvent et doivent être rapprochés sur une affiche de théâtre, car ceux qui les ont portés occupent dans l'histoire de l'art une place assez élevée pour qu'on célèbre en même temps leur mémoire.

UN PROJET D'ÉTABLISSEMENT

EN FRANCE

UN PROJET D'ÉTABLISSEMENT EN FRANCE

Le premier séjour de Wagner en France fut, comme on le sait, un temps d'épreuve. « Dans ce temps de sombre inquiétude, écrivait-il le mardi 23 juin 1840, je me sens bien vivement le besoin de tenir un journal détaillé de ma vie ; en retraçant les maux qui m'accablent le plus et les réflexions qu'ils font naître, j'attends pour mon âme un soulagement pareil à celui que procurent les larmes aux cœurs oppressés ! Minna m'a rappelé qu'il faudrait dépenser le dernier argent qui nous reste pour acheter du pain! »....

Et six jours plus tard nous lisons dans le même projet de journal qui, entre parenthèses, n'a jamais encore été traduit dans notre langue :

« Ce que sera le mois prochain, je l'ignore; jusqu'à présent je n'ai eu que l'anxiété; bientôt c'est le désespoir qui m'étreindra. »

Pour gagner ce pain quotidien qui faillit même lui manquer, Wagner dut faire tout ce qui concerne « le métier » de musicien et accepter les besognes les plus humbles.

Son orgueil blessé aurait pu se révolter. Or, à son retour en Allemagne, il n'en laissa rien paraître; loin même d'évoquer, pour s'en plaindre, le souvenir de ce mauvais rêve, on a vu, dans la précé-

dente étude, l'ardeur avec laquelle il louait
les qualités artistiques du pays où il avait
reçu une si froide hospitalité. Il ne déses-
pérait pas de nous conquérir à ses idées. Il
entrevoyait toujours une auréole de gloire
qu'il n'attendait pas de sa patrie, et dans
ses écrits bien des pages viendraient à
l'appui de cette assertion. Il suffit de rappeler cette phrase empruntée à l'*Œuvre et
mission de ma vie* (chap. IX):

« Je pensais qu'à Paris seulement je trou-
verais l'atmosphère favorable au succès de
mon art, cet élément dont j'avais un si
grand besoin.»

« I thought that it was there (it est *Paris)
only that I could find the atmosphere so
necessary to the success of my art, that cle-
ment of which I so much stood in need. »*

Plus tard, seulement, ses yeux se déta-
chèrent peu à peu de ce point lumineux
qui s'appelait Paris. L'amitié providentielle
du roi de Bavière lui permettait de semer
et de récolter en terre germaine; ses
vœux se réalisaient; il atteignait à la
toute-puissance. Alors même, en dépit
de son fameux et regrettable pamphlet,
il continuait à parler sans aigreur de
notre patrie. Bien plus, vers la fin de sa
carrière, il se plaisait, comme au début,
à rendre hommage au génie français, et
ceux qui, lors des représentations de *la
Tétralogie*, à Bayreuth, franchirent le
seuil de la villa Wahnfried pourraient en
témoigner. Il disait qu'avec les Anglais,
les Français avaient mieux compris que ses
compatriotes le sens et la portée de son
œuvre; il le répétait encore à Palerme,
tandis qu'il y terminait *Parsifal.*

On pourrait déclarer que l'intérêt le poussait à parler ainsi. A cette époque, en effet, il avait conquis l'Allemagne à ses idées; il était donc de bonne guerre ou de fine diplomatie d'attirer les étrangers, et de les gagner à sa cause en les flattant. Non, l'homme ne mentait pas et ses compliments étaient sincères. Un invisible aimant l'attirait vers nous; et, de même qu'il eût été fier de s'entendre applaudir par ces Français dont il vantait l'esprit, de même, à certaines heures de sa vie, il eût été heureux de revenir sur la terre de France et d'y planter sa tente pour un long temps, sinon même pour toujours.

* * *

Sur ce point un document inédit et des
plus intéressants jette une lumière toute
nouvelle. Nous le devons au hasard, au
hasard représenté sous les traits d'un
homme aimable et fort distingué qui nous a
demandé de ne pas le nommer, le docteur W.
Il s'agit d'une lettre adressée jadis par
Wagner à un personnage politique qu'il
avait connu dans le salon d'Émile Ollivier
et qui, depuis, a été mêlé à presque tous
les événements de notre histoire contem-
poraine. Sans le désigner plus clairement,
nous pouvons ajouter que ce M. X. avait
offert ses services au compositeur allemand

et s'était mis en quelque sorte à sa disposition. La lettre garde donc un caractère intime qui ajoute à son intérêt. Elle appartient maintenant à Mme M. Hellman qui a bien voulu nous en communiquer la photographie.

1er Janvier 1866.

Genève « Campagne des artichauts. »

Merci, merci, mon cher ami! — Vous savez combien peu je suis fort dans le français. Pardonnez-moi, si je ne fais autre chose pour réponse à votre magnifique lettre, que vous prier de m'assister pour arriver au seul but que je désire, c'est — de gagner une retraite absolue, qui me met hors du monde, pour pouvoir enfin travailler et finir mes œuvres commencées et projetées.

Je pense fort sérieusement à la France du Midi, et ce que je cherche, c'est une belle campagne — ou un petit château depuis Avignon et Arles, jusqu'à Perpignan et les Pyrénées — pourtant où que cela soit, pourvu que cela ne soit pas, ni Marseille, ni Nimes, plutôt une de ces petites villes hors du commerce, délaissées, où l'on trouve cette vie à bon marché, si vantée de la France méridionale.

Eh bien — mon ami! Je ne connais personne pour lui demander des renseignements. Mais à Paris, on sait tout, on trouve tout. Je voulais écrire à T.... (lisez Nuitter), quand votre aimable lettre m'a tourné vers vous. Voilà mon affaire. Veuillez charger un agent, un homme d'affaires pour gagner les renseignements nécessaires. Peut-être avez-vous des connaissances au Midi? Enfin, faites tout votre possible pour me procurer ce que je cherche. Je préfère à tout autre arrangement un bail à 5 ou 6 ans, achat en vue. Prix — n'importe.

La chose principale est de me placer hors du monde d'une façon agréable, de m'éloigner de tout contact avec mes horribles relations du passé. C'est le seul moyen de sauver mes œuvres conçues, qui seront perdues, si je passe encore une année dans des convulsions du genre de mon ordinaire. Toute somme que vous demanderez pour les frais de l'agence, annonces, etc. etc., vous sera envoyée immédiatement.

Eh bien, cher monsieur X., soyez si bon de prendre au sérieux ma grande prière, et tâchez de

me faire avoir de favorables nouvelles. Aussitôt
que tout est bien préparé, j'irai moi-même en
route pour la France du Midi, je verrai tout ce
qu'on m'aura indiqué et je vous serai immensé-
ment reconnaissant.

Mille amitiés bien sincères et senties de votre
dévoué,

RICHARD WAGNER.

*　*　*

Pour bien faire comprendre l'importance
et l'intérêt d'une telle missive, il convient
tout d'abord d'en remarquer la date: 1er janvier 1866! cinq années après la chute de
Tannhäuser à Paris. On pouvait croire
Wagner parti sans esprit de retour, et de-

venu d'autant plus gallophobe qu'il s'éloi-
gnait de nous, au cours de la vie errante à
laquelle il semblait désormais condamné.
En 1862, le roi de Saxe lui rouvre les portes
de ses États, et lui permet de revoir Dresde
et Leipzig. En 1863, il voyage à travers
l'Europe, donnant des concerts à Prague
(février), à Saint-Pétersbourg (mars), à
Pesth (juillet), à Prague encore (novembre),
à Breslau (décembre). En 1864, il se rend à
Munich pour y surveiller les répétitions du
Vaisseau fantôme, puis à Zurich et à Stutt-
gart ; au mois de mai, il est appelé à Munich
par le roi de Bavière, et passe tout l'été,
près de lui, à Starnberg. Le 10 juin 1865,
il assiste enfin à Munich à la première représentation de *Tristan et Iseult*. La fortune a
semblé lui sourire ; mais déjà ses ennemis
complotent dans l'ombre. Son intimité avec
le souverain, les dépenses dont il devient la

cause, tout contribue à tourner l'opinion contre lui.

D'abord il s'indigne, et dans une protestation publiée par l'*Allgemeine Zeitung*, il écrit:

« J'ai vu les journaux s'égayer aux dépens de mes tendances, mon œuvre traînée dans la boue et sifflée dans les théâtres, mais c'est seulement ici que j'ai vu ma personne, mon caractère privé et civique, mes habitudes domestiques, diffamés de la manière la plus outrageante dans des diatribes publiques.»

Donc on a de tous côtés agi sur l'esprit du roi qui cède à contre-cœur, et consent à l'éloignement de son favori, non sans faire valoir l'importance du sacrifice, car il disait dans le décret d'expulsion: «Je veux en cette circonstance prouver à mon peuple bien aimé que sa confiance et son amour passent, pour moi, avant tout. »

A la fin de 1865, le maître se dirige vers Vevey où il reste quelques jours à la *Pension du Rivage*, puis il arrive à Genève d'où est datée la lettre qui nous occupe.

* * *

Ces quelques souvenirs rétrospectifs laissent deviner dans quelle disposition devait se trouver Wagner, quand, le 1er janvier 1866, il écrivait à son ami. Il se voyait déjà trahi par la fortune qu'il avait un moment cru tenir, et forcé de reprendre le

chemin de l'exil, forcé comme autrefois
d'errer de pays en pays, à l'heure où il se
sentait en pleine maturité d'âge et d'esprit. Dégoûté du monde, le cœur ulcéré,
il aspirait à une « retraite absolue » qui
lui permît de travailler et qui l'éloignât,
comme il dit, « de tout contact avec les
horribles relations du passé ». Et alors
il oublie l'échec de *Tannhäuser*, et c'est
à la France, à la France du Midi qu'il
vient demander asile. Il voudrait un coin
perdu où il se recueillerait, où il se
préparerait à de nouveaux combats, et
il parle d'un bail de cinq ou six ans,
avec « achat en vue »: formule très significative, car elle prouve qu'il s'agissait non pas d'une villégiature passa-
gère, mais d'un séjour prolongé, sinon
définitif.

Comment ne pas rapprocher le désir

exprimé par Wagner du souhait si caractéristique formulé jadis par un autre grand
compositeur, et, lui aussi, bien allemand !
Dans un de ces « cahiers de conversation »
au moyen desquels Beethoven devenu sourd
s'entretenait encore avec les visiteurs,
cahiers possédés aujourd'hui par la bibliothèque royale de Berlin, on lit ces mots,
si tristes et si éloquents en leur brève
simplicité: « *Südliches Frankreich, dahin!
dahin!* » (Le Midi de la France, c'est là !
c'est là !)

Peu de personnes en effet savent qu'aux
environs de 1824, Beethoven avait caressé
le projet de composer un grand opéra
pour Paris, comme le prouve cette mention à la page précédente du même
cahier : « 4000 francs pour un grand opéra
à Paris; les étrangers y participent également. »

D'une part, cette prime le tentait; de l'autre, il attendait de notre climat un soulagement à son état physique. Trois années avant sa fin, Beethoven songeait donc vaguement à s'établir en France; il espérait, que notre pays lui donnerait la fortune et la santé, et si son vœu se fût réalisé, c'est parmi nous que le maître de la symphonie moderne aurait pu terminer sa carrière!

Wagner ne devait pas se borner, lui, à l'expression d'un simple vœu.

Dans la lettre, qui fait l'objet de cette étude, il propose de venir pour se rendre compte *de visu* de ce que son ami aura trouvé, et, en effet, pendant le mois de février il visita successivement Avignon, Toulon, Marseille, toutes grandes villes pour lesquelles il avait semblé témoigner une certaine aversion. Mais il se tenait

21

là à portée de son ami qui probablement allait à la découverte, et pouvait
d'un moment à l'autre, découvrir le nid
rêvé.

Ainsi se trouve expliquée cette tournée
dans le Midi de la France, que les biographes de Wagner avaient bien men-
tionnée, mais dont la cause réelle leur
échappait. Ils voyaient là un voyage d'agré-
ment et non un voyage d'intérêt. Or, si ce
projet s'était réalisé, c'est en France que
le maître eût fait ce qu'il fit depuis à Triebschen, achevé *Les Maîtres chanteurs* et *La
Tétralogie.* Qui sait? si l'opinion l'avait
soutenu dans ses travaux, peut-être même
n'eût-il pas songé à l'Allemagne pour y
appliquer ses théories nouvelles; peut-être
en aurait-il fait l'essai parmi nous. Bayreuth ne serait pas devenu la ville sainte,
et la villa Wahnfried aurait été bâtie au

pied des Pyrénées ou sous le ciel bleu de la Provence.

Mais le champ des hypothèses est infini. La réalité nous apprend que Wagner revint en Suisse au mois d'avril 1866, et s'établit près de Lucerne, à Triebschen, et là pour plusieurs années. Ou bien il n'avait pas découvert le « petit château » sur lequel il comptait, ou, ce qui est plus probable, il avait été rappelé en hâte et avec insistance, par le souverain qui avait foi en son génie, et ne lui permettait plus de s'éloigner, afin qu'il pût au premier signal passer la frontière bavaroise.

Il était écrit que Wagner ne s'établirait pas définitivement parmi nous, et qu'après les deux derniers actes de *Rienzi*, *Le Vaisseau fantôme*, l'ouverture de *Faust*, cinq mélodies et la scène du *Venusberg*, nulle œuvre ne serait plus désormais composée par lui sur la terre de France.

Ainsi l'avait décidé la volonté des dieux, autrement dit l'amitié d'un roi,

Occulti miranda potentia fati.

TABLE DES MATIÈRES

STRASBOURG, TYPOGRAPHIE DE G. FISCHBACH. — 1859

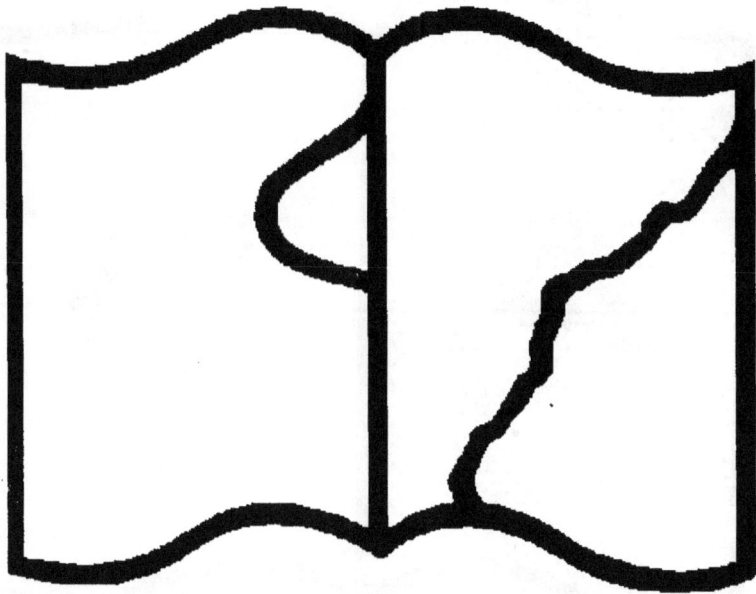

Texte détérioré - reliure défectueuse

NF Z 43-120-11

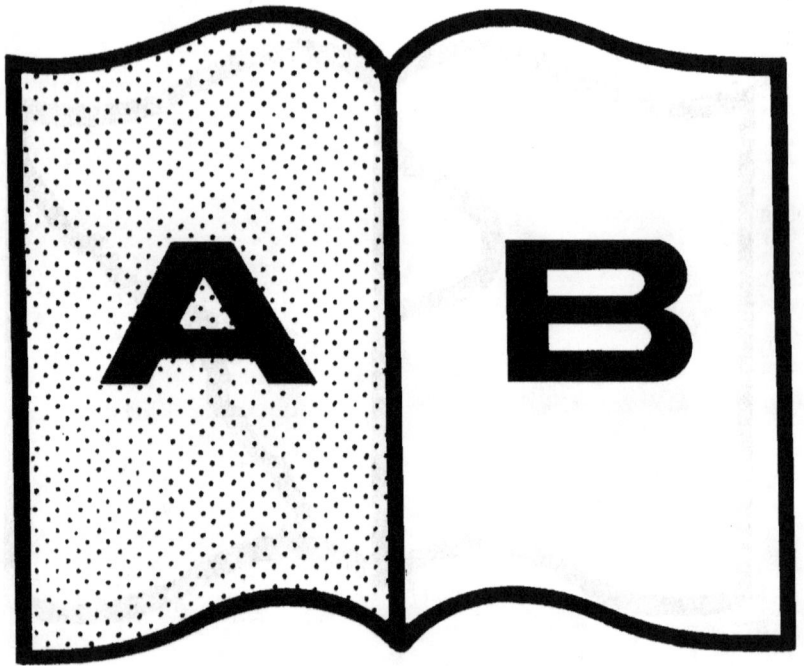

Contraste insuffisant

NF Z 43-120-14

www.ingramcontent.com/pod-product-compliance
Lightning Source LLC
Chambersburg PA
CBHW070417090426
42733CB00009B/1705